高质量发展

『SPADE』体系与商科专业群

李庆文

湘潭大学出版社
XIANGTAN UNIVERSITY PRESS

前言

为贯彻落实《国家职业教育改革实施方案》，办好公平有质量、类型特色突出的职业教育，提质培优、增值赋能、以质图强，加快推进职业教育现代化，更好地支撑我国经济社会持续健康发展，2020 年 9 月，教育部等九部门印发《职业教育提质培优行动计划（2020—2023 年）》，明确提出“扎实推进中国特色高水平高职学校和专业建设计划，加强绩效考核与评价，建成一批高技能人才培养培训基地和技术技能创新平台。探索高职专业认证。推进专科高职学校高质量发展，遴选 300 所左右省域高水平高职学校和 600 个左右高水平专业群。”2021 年 10 月，中共中央办公厅、国务院办公厅印发《关于推动现代职业教育高质量发展的意见》，强调推进高等职业教育提质培优，实施好“双高计划”，集中力量建设一批高水平高等职业学校和专业。种种迹象表明，在大力发展职业教育的大背景下，专业建设也由快速扩张转向了内涵建设，而专业的集群化的建设成为破解专业建设瓶颈问题的有效手段。按照经济社会发展对综合技能人才在结构、层次、规模与质量的需求，通过对接本区域产业集群发展的专业群的建设，在人才培养和服务社会方面坚持不懈努力与创新，为区域经济发展提供高质量的技术技能人才，以全面提升职业教育服务区域经济社会发展的能力，是职业教育发展的长期任务。

2019 年发布的《关于实施中国特色高水平高职学校和专业建设计划的意见》及《中国特色高水平高职学校和专业建设计划项目遴选管理办法（试行）》提出，专业群建设是“双高计划”的关键内容，要“集中力量建设一批引领改革、支撑发展、中国特色、世界水平的高职学校和专业群”，同时明确了高水平专业群的建设内涵，即：“引领改革”是基本定位，“支撑发展”是效益要求，“中国特色”是根本属性，“世界水平”是质量标准。这四个方面有机结合、相互支撑，指引高水平专业群的建设方向。如何实现高质量的专业建设，成为高职院校急需破解的课题。

广西国际商务职业技术学院始终以学生成才成长为中心，坚持立德树人根本宗旨，积极践行“三色”（职业底色、创业本色、国际特色）商科人才培养理念和模式，大力推进“四信”（信仰、信念、信心、信用）价值观培养，创造性构建了“教师发展五特（Special）、专业建设五力（Power）、学生成长五到（Achievement）、课程建设五度（Dimension）、学校发展五重（Emphasize）”的“SPADE”五维质量保证体系，为提升学校教育质量、有效推动专业及专业群的内涵建设提供了有力的质量保证。“SPADE”五维质量保证体系在实践中不断优化迭代，扩展升级为“SPADE”标准认证。2020 年，广西国际商务职业技术学院发起全国商科职业院校“SPADE”专业与课程认证合作试点，有包含近 10 所中国特色高水平高职学校和专业建设、计划建设单位在内的国内外近 40 所职业院校加入。2021 年，学校成功发布了全国商科职业院校“SPADE”认证标准，承办中国—东盟商科职业教育高质量发展论坛，牵头成立了中国—东盟商科职教联盟，论坛在人民网直播点击量超 40 万人次，职教云在线观看超过 1 万人次。“SPADE”五维质量保证体系相关成果被《光明日报》、CCTV、中新网、《中国教育报》《中国青年报》《国际商报》《广西日报》等媒体聚焦报道，并连续两年被收录进《中共广西历史大事记》。清华大学社会科学学院当代中国研究中心也采用“SPADE”标准体系设计的职业教育调查问卷，用于全国职业教育研究。

本书的主要内容是广西国际商务职业技术学院以原创的“SPADE”五维质量保证体系为标准推进专业群高质量发展的探索及实践经验的高度总结。本书从职业教育专业群发展现状与分析入手，通过分析国内外职业教育专业建设与发展的经验，深入梳理商科职业教育专业群发展现状、存在的问题及其原因，并进一步把握新时代商科专业群发展趋势，结合学校多年来商科专业群建设的探索与实践，凝练出商科专业群构建与发展的主要方式。在此基础上，广西国际商务职业技术学院依托原创的“SPADE”五维质量保证体系，探索以“SPADE”五维质量保证体系深入推进商科专业群高质量发展的方式与途径，专业群建设理念和创新举措取得显著成效，可为高职院校专业群高质量发展提供参考与借鉴。

本书是广西职业教育专业发展研究基地、广西职业教育智慧商科立体专业群发展研究基地以及2021年度广西职业教育教学改革研究项目《“岗课赛证”融合进阶培养高职商科人才的研究与实践》（GXGZJG2021A011）的研究成果，由项目主持人李庆文统筹策划并主持撰写，陆纯梅、陈雪玲、林晓霞、罗羿寒、胡博巍、邓慧敏、农艳春、宁静等参加了部分编写工作。本书在研究方法上，采用了理论与实践相结合、文献梳理与典型案例剖析相结合的方法，尤其注重成果的理论性、创新性和可借鉴性。写作过程中参考了大量的著作、论文等文献，并尽量在参考文献中列出，但难免会有错漏，在此，向所有被引用及参阅文献的作者及出版单位表示由衷的感谢，同时也对造成的错漏深表歉意。

编者

2022年6月

目录

第一章

专业群建设研究概述

1.1 理论基础

一 人力资本理论

》》》1. 人力资本内涵

美国著名经济学家舒尔茨对人力资本解释：人力资本是体现在人们身上的知识、技能及其工作能力，是反映人们的综合能力与素质的一种指标。其内涵主要包括四个方面：一是人力资源是社会经济发展中最主要的资源；二是人力资本对社会经济增长的影响大于物质资本对社会经济增长的影响；三是人力资本的核心是员工综合素质的提升；四是教育是人力资本形成和素质提升的关键，职业教育与经济发展具有直接和密切的关系。因此，教育投资应以市场的人才供求状况为前提。人力资本理论建立起了职业教育与经济社会发展的关系，并由此直接推动了职业教育产业化理论的产生与发展。

》》》2. 职业与岗位

职业是社会工作门类，由劳动付出、劳动报酬以及劳动者要承担与其报酬相匹配的职责等要素构成。职业分类则是以一定的标准与规则对社会职业进行归类，是对职业进行具体的划分。1999 年 5 月正式颁布并实施的《中华人民共和国职业分类大典》，把职业划分为大类、中类、小类和细类四个层次。职业结构有以下特点：技术型和技能型职业处于主导地位，知识型与高新技术型职业占比较少。职业活动是在特定的社会环境与区域内，劳动者以获得劳动报酬为目的所从事的一种社会活动，具有群体性和稳定性等特征。

而岗位是组织机构根据自身的实际情况及工作需要而设置的工作职位。一种职业包括几个岗位。由于不同的组织机构的规模、管理模式以及对各岗位的要求不同，同类岗位设置在每个用人单位中是可以不相同的。各用人单位为了提高工作效率，需要根据自身的实际情况与所处的环境对各岗位进行梳理与分析，以成本效率为原则，科学合理的设置岗位，并将分析的结果做成工作说明书，对各岗位提出综合要求，并形成岗位规范与职责。

3. 产业发展与技能型人才

人才强国战略是在经济全球化的深刻复杂背景下提出的，其核心思想是人才兴国，即国家的综合国力及其核心的竞争力都必须依托人才来提升。

集聚的人才将不断推进区域内的技术创新，市场的竞争就是人才的竞争，人力资本是一个企业最宝贵的资源。在产业链和产业集群的发展进程中，一定区域内的人力资源质量、数量及密集度，在很大程度上决定着该区域的产业结构、发展水平与方向、产业集群的类型及其竞争力。产业集群如果缺少技能型实操与管理人才，将可能产生生产效率不高、产品品质欠佳等问题，从而使企业竞争力下降，这最终将严重影响产业集群的发展。因此，产业结构能否顺利实现优化和转型升级的关键，是人力资源的数量、质量及其结构。

二 产业集群理论

1. 产业集群概述

哈佛大学教授波特在《国家竞争优势》一书给产业集群的定义为："在某一特定区域和领域内，一组相互联系的公司和关联的机构，以某个主导产业或支柱产业为核心，依靠较稳定相互协作形成有竞争优势的在空间上集聚的群体。"产业集群有利于产生规模效应，提升企业的价值和市场竞争力。同时，波特教授还把产业集群理论引入了职业教育领域，由此形成了专业群思想。

产业集群主要具有以下特征：一是区域集聚性，产业集群对应的是在特定区域内某一特定产业的一组企业的集聚，以构成较为完整的产业链条。二是互惠共生性，为了降低成本，减小风险，产业集群中的每一个企业都只能从事产业链条上的某一环的业务，实现专业化分工，并依靠上下游相关企业以及互补的企业和机构相互协作的伙伴关系在日益激烈竞争中持续发展。三是网络共享性，即可以实现新理念、新知识和新技术的扩散，一定程度上实现信息资源的共享，从而实现产业群的集聚效应、规模效应、品牌与广告效应，最终表现为整个集群的强劲竞争优势。四是协同创新性，其核心是打破各个壁垒，达到突破，实现群内各主体协调发展。

经济全球化背景下，产业集群成为经济发展的核心力量，主要表现为：一是产业集群提升区域经济竞争力，大量企业的集聚可促进区域内生产的分工与协作，提高了运营效率，同时可衍生出更多的新兴企业，进一步增强地方经济的竞争力。二是产业集群能推动技术进步与创新，产业集群内企业间的累积效应将有效地促进区域产业的创新，同时也降低了产业集群内企业间的成本费用，能为更多创新活动提供经费的支持。三是产业集群推动区域经济的增长，产业集群的发展有利于区域产业布局，促进产业转型升级，必将提升区域经济的增长率。

2. 经济发展对职业教育发展的影响

随着经济的全球化以及科技日新月异的发展，人才成为市场竞争力的重要支撑已成为共识，而职业教育是与社会经济关系最密切的教育类型，直接为服务经济发展输送人才。人才培养的质量提高与数量增加，都是以资金投入为前提基础的，而这是与区域经济的发展水平成正相关的。区域经济发达的地区不仅财政收入好，同时提供更多的就业岗位，对职业教育方面的投入自然会比其他地区多，使当地的职业教育在规模与质量上有更好的发展（如图 1–1）。可以说，区域经济的发展决定了人才需求，也决定着职业教育的发展规模、质量与结构。区域经济发展必将导致对岗位设置的调整：一些传统而与现代发展不相符的岗位会消失，同时也将新增大批的新兴岗位，从而影响着专业设置与人才培养层次。职业教育应以就业为导向，在专业设置上主动适应区域经济发展要求，与区域经济的产业结构及区域经济的技术发展保持一致，形成自己的特色和专业品牌。

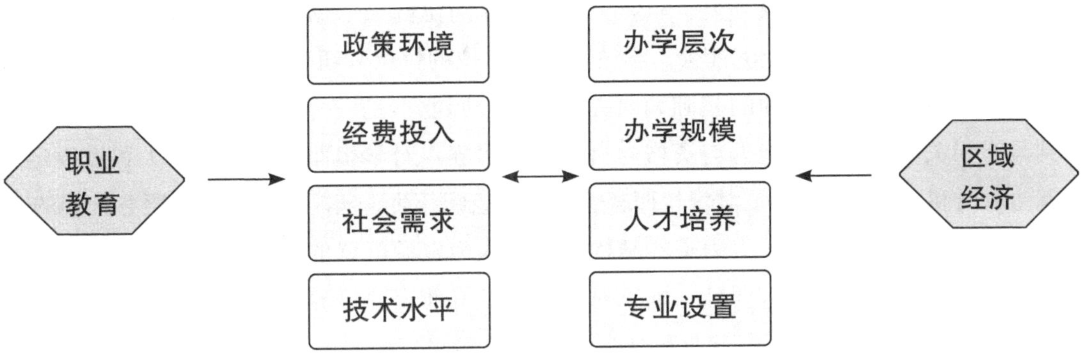

图 1–1　区域经济发展水平对职业教育作用机理

推进区域经济发展除需要政策、资本、技术等要素外，最重要的是人力资源。职业教育通过人才培养模式、专业与专业群的设置、课程的设置和工学结合的创新和变革，与区域经济的产业集群与产业链、行业、企业、岗位群和岗位相适应，直接为社会输送高质量的技能型人才。与普通高等教育相比，职业教育对促进区域经济社会发展的作用更为直接与适用。

随着区域产业结构的不断优化以及科技的不断进步，产生了新兴产业。而新兴产业以及传统产业的优化与转型升级，对各类专业人才提出更新更高的要求，由此也带来了新兴的职业。各高职院校应能预见到新产业新业态对人才的需求，以便能在专业设置与专业建设方面做出快速的反应，以提供更多的符合需求的高技能高素质人才，促进产业结构的优化调整。同时，对结构性待岗人员，通过职业岗位培训，提高他们的技能水平，使他们能重新适应新兴产业新业态的需求。

»» 3. 产业集群与专业的关系

产业集群发展水平决定了职业教育专业规模与水平。首先，区域产业集群的发展决定其对技能型人才数量和质量的需求以及专业的需求，以此来设置专业并确定招生规模。其次，专业布局与规划要有利于区域产业集群发展和创新。随着产业集群转型升级，产业内部可能会衍生出新业态，对人才的需求也发生变化。高职院校专业建设与行业产业集群的发展有着千丝万缕的关联，与此相适应，高职院校应以满足区域产业集群发展和传统产业的转型升级所需要的人才需求作为调整专业结构的依据。以此为导向，以传统核心专业为基础，逐步衍生出相关的新专业，继而形成专业群。

职业教育所培养的人才会直接影响区域经济。基于区域特色的产业集群而构建的专业群一旦形成，必将能提供更适合产业发展的技能型人才，进而促进经济可持续发展。

三 专业群建设理论

»» 1. 专业建设相关概念

专业是指学校以社会职业分类、职业分工与职业岗位群为依据而设立的人才培养的学业门类。专业是连接职业教育与经济社会、学校与用人单位的桥梁和纽带，体现了学校的服务方向，是学校培养符合社会所需人才的基础和前提。专业与职业不是一一对应，但专业人才培养应是以达到具有相关职业的工作能力与资格为目的进行培养。对学生而言，专业很大程度决定着未来的就业方向和所从事的职业；对学校而言，专业是组织招生、实施人才培养、服务社会的载体；对国家而言，专业是决定未来人力资本结构和优化人力资源配置的手段。由于专业对学校人才培养和国家人力资源开发的重要性，国家对各级各类专业人才培养均制定了专业目录，以更好地指导高职院校人才培养、学生就业和企业用人。

专业设置是指学校专业的设立与调整。设置专业必须符合学校办学定位与发展规划，并能满足社会经济发展对人才的需求。专业设置是否合理，决定着职业教育功能、学校建设方向及教育投资效益的高低。

专业建设，简单地说是以相应的课程建设和学科建设为基础，对专业结构与布局等进行科学规划，深化教学改革的过程，是学校提高办学质量及内涵建设的重要内容。同时专业建设质量的好坏在很大程度上也反映出职业教育与经济社会发展的匹配度。

»» 2. 专业群概述

专业群概念源自波特的产业集群理论，理论界普遍认为，专业群是以一个或多个骨干、优势或者特色专业为核心，由三个及以上专业或专门化方向，组成的一个专业群。面向产业集群与产业链，通过优化、整合、集聚相关专业，明确专业群发展定位，强化群内核心专业的辐射作用，以点带面，实现核心专业引领群内专业全面发展的思想。专业群必须根据学校的实际办学条件，分析评估当地经济发展情况等外部环境，而不能简单地把几个相近专业捆在一起，以更好地服务区域经济发展。

»» 3. 基于区域特色产业集群的专业群建设的主要内容

专业群建设是高职院校双高建设的关键，是助力高职教育高质量发展的重要有效途径。专业群建设是专业的解构与重构，其本质在于整合、优化与重构教学资源，降低专业群内部的建设成本，有效提高核心专业辐射能力和群内专业的竞争力，以强化集群整体优势。与产业高度匹配是专业群建设的逻辑起点，职业教育专业群组群思路主要有基于职业岗位构建专业群、基于产业链或产业集群构建专业群。基于区域特色产业集群的专业群的建设，是以深入推进“产教融合、校企合作”改革为指导思想，以针对区域特色产业的发展与需求为导向，构建以特色、品牌专业为核心，相关专业为支撑的专业群，集聚、融合和优化教学资源，强化群内专业全面发展的专业群内涵建设。

一是，注重专业群建设与特色产业链及产业集群的对接，推进人才培养模式改革。根据区域产业链与产业集群的需求，科学合理规划职业教育专业群建设，推进人才培养模式改革，深入推动校企合作、工学结合，积极推进定向培养、联合培养以及现代学徒制等多样化的人才培养模式，使群内专业人才培养方案更匹配产业发展对人才的需求，积极主动与区域产业经济相协调，适时调整、设置专业，适应区域特色产业链及产业集群发展，提高专业群设置与区域特色产业集群发展的匹配度。

二是，注重与职业标准对接，重构专业群课程体系。在进行区域经济发展调研的基础上，协同行业企业，深入推进产教融合和校企合作，明确专业群的相关课程所面向的岗位群及其行业职业标准等对职业能力与素养的基本要求，按照核心岗位所涉及的主要工作内容，整合、优化教学内容，注重群内相近的专业基础课程与相近的专业技术课程建设，重构与职业标准相对接的课程体系。通过课程群的专业群基础课程共享，核心专业课程分立，综合与拓展课程互选，以凸显专业群的集群优势。

三是，注重学校实训室与行业企业对接，将教学回归到工作实践过程当中。实训是培养学生的职业技能和职业素质的有效途径，围绕专业群内各专业的核心技能提高，通过整合群内资源，按专业群组建科学合理的实训基地，以高效提高教学效果，实现毕业生与未来工作场景零距离接触。实训基地建设应与行业企业生产流程及岗位工作过程对接，这必然要求重构实训教学过程，将教学回归到工作实践过程当中，以生产流程和岗位工作过程为导向，以现代信息技术为支撑，开发虚拟工作场景，强化实训环境与企业环境对接：主要包括实训制度与企业岗位制度对接、实训项目与企业岗位工作过程对接、实训室文化与企业文化对接。

四是，专任教师与企业专业技能人才对接，打造专业群双师队伍。按照专业群建设要求，通过校企双方合作，整合教师资源建设，实现人员双向交流。一方面专任教师到行业企业任职；另一方面是聘请企业技师或高级管理人才到学校当兼职老师；从而使学校专任教师与企业技术人员全方位对接，提高教师双师率，打造校企合作的结构优化的教学团队。

五是，基于区域产业的开放、共享的教学资源建设。彰显专业群内专业的教学资源共建共享，建设专业群各类教学资源；完善校企资源共研共建共享机制，搭建校企信息化平台；将企业资源引入教学，充分提高职业教育资源的利用率。

》》》4. 专业群建设应重点关注问题

专业群建设既是一种手段，也是一种目的，其本质在于对高职院校的资源进行系统性的整合与优化，以形成集群效应与优势，提高专业核心竞争力和辐射能力，最终提升办学特色和效益。高职院校专业群建设要着重做好以下几个方面的工作：

明确专业群发展方向。首先要梳理区域内其他职业教育相关专业群建设，以确保没有相近或相同的专业群，如确无法避免此类情况出现，则必须分析自身的优劣势，扬长避短以突出自身的独特优势；其次所确定的专业群应与区域经济发展相适应，避免与之脱节。

评估专业群可行性。在制定具体的专业群建设方案时，必须集思广益，凝聚多方智慧，结合内外部条件，对其可行性予以分析评估，杜绝形式化建设方案的产生，最终制定出科学合理的专业群建设方案。

谨慎选择专业群负责人。专业群负责人，其职责是负责组织群内外的教师完成日常运转的工作及教学工作。专业群负责人必须由专业经验丰富、专业水准较高、专业影响力较大的老师担任。

建立健全专业群建设机制。这是建设专业群的有效手段，比如构建立体式对接产业的动态调整机制、建立群内专业之间基于工作体系和岗位变化的柔性建设机制、建立以课程体系为纽带的专业群互动运行机制、建立以资源联系整合为载体的共享融合协作机制等。

1.2 研究现状

一 我国职业教育发展历程

在职业教育百余年的历史发展进程中，我国职业教育体系得到了不断完善与创新，在职业教育发展历程中，大致经历七个历史阶段。而以下是几个有重要意义的关键历史节点：一是 1985 年提出了职业教育体系发展的框架；二是 1996 年《职业教育法》的颁布与实施；三是 2005 年提出了现代职业教育体系建构；四是 2014 年实施的现代学徒制改革是职业教育走向多元化发展的标志。

》》》1. 职业教育的萌芽时期（清末至民国）

在清政府时期称职业教育为实业教育。1904 年，由张百熙、张之洞、荣庆等大臣近酌旧章，合拟“癸卯学制”，并正式颁布实施。“癸卯学制”系统构筑了以普通教育、师范教育与实业教育三条主干的国民教育体系，实业教育第一次以相对独立和完整的形态出现。

到了民国初年，出现了甲种、乙种实业学校和专门学校。而专门学校相当于现在的高职院校。1917 年中华职教社成立后，职业教育取得了新的进展。1927 年颁布的《专科学校组织法》是第一部专科教育法规，改"专门学校"为"专科学校"。该法规的颁布极大地推动了民国时期高等职业教育的进步。这一阶段还颁布了其他职业教育的相关法规，如《职业教育设计委员会规程》《职业学校设置顾问委员会办法》等。

》》》2. 初始阶段（1949—1979 年）

新中国成立后我国职业教育经历了一个曲折复杂的发展过程。1950 年颁布的《专科学校暂行规程》明确了专科学校的根本目的是"为国家建设培养能够掌握先进科学技术的专门技术型人才"。为适应国家建设的需要，对之前的普通学校和职业学校进行调整，职业学校偏少的局面开始得到扭转。1958 年，我国试办了半工半读、半农半读的专科学校，至 1960 年，专科学校数盲目暴增，较 1958 年增长了 30 多倍，在 1961 年进行了全面的调整与撤并，到 1962 年专科学校仅剩下 45 所。在改革开放之年的 1978 年，由于社会经济的急速发展使得对技术技能型人才极度渴求，而"文革"时期的破坏力导致人才资源极度匮乏，人才供需的巨大矛盾倒逼了我国职业教育的发展。

》》》3. 兴起阶段（1980—1990 年）

从 1980 年至 1990 年间，职业大学得到了迅猛发展，设立的职业大学累计约 172 所。同时在国家层面上政策的发布也提到了要"大力发展职业教育"，并提到了要逐步建立起一个行业配套、结构合理又能与普通教育相互沟通的职业教育体系，逐步走出了一条有中国特色的职业教育发展之路。1985 年在我国高职教育里程碑上留下浓墨重彩的一笔。

》》》4. 有序发展阶段（1991—1999 年）

这一阶段，多种类、多层次的职业教育框架体系已基本形成，我国职业教育逐步驶入制度化有序发展的车道，先后发布了一系列关于大力发展职业技术教育的相关政策文件以及相关法律，如 1996 年《职业教育法》的颁布与实施。这是我国第一部关于职业教育的基本法律，也是维系和规范职业教育发展的一部根本大法，这对推进我国职业教育事业的改革和健康有序的发展具有极其重要的意义。这一阶段的 1992 年，我国中职的招生人数首次超过了普通中学招生人数。

》》》5. 蓬勃发展阶段（2000—2005 年）

这一阶段，新兴科技产业的出现改变了我国传统的产业结构，新行业和新就业岗位不断产生。市场的不断变化，导致社会对人才需求也在不断变化，而高等职业教育是为社会发展培养大批高素质技能型人才的主阵地。我国社会经济快速发展，以及高等职业教育大众化政策的实施，使得我国高等职业教育得到迅猛的发展，规模与实力不断壮大。从 2000 年先后发布的大力推进职业教育改革与发展的一系列文件，极大地推动了职业教育的快速发展。

》》》6. 内涵发展阶段（2006—2013 年）

这一阶段，职业教育内涵式发展是主题。2006 年，国家遴选了 100 所高职院校作为国家示范性高职院校，并将“社会服务领先”作为入选的基本条件之一，强调了职业教育的社会服务能力；2010 年又选了近 100 所骨干学校，重点推进办学、育人与就业等方面体制机制的创新，以引领高职教育整体质量的提高。2010 年以来，“国家职业教育专业教学资源库项目”建设了 88 个高职专业（群），覆盖 19 个专业大类、56 个专业类，实现了信息技术与专业教学的深度融合。2010 年，教育部提出了要以“质量、特色、内涵发展”为灵魂建立具有中国特色、世界水准的高等职业教育体系。2011—2013 年，教育部、财政部联合实施“高等职业学校提升专业服务产业发展能力”项目，围绕有关重点领域和地方经济社会发展需要，支持全国 977 所高职院校建设了 1816 个重点专业点。从职业教育基础设施建设、职业教育专业、课程改革以及教师的素质提高等方面，调整与优化学校布局，高等职业教育在这一阶段驶入从外延式进入内涵式发展快车道。

》》》7. 多元化发展阶段（2014 年至今）

随着“一带一路”“中国制造 2025”等国家战略的推进，对技术技能人才质与量的需求提出了更高的要求，这一阶段，职业教育的发展进入了多元化阶段，职业教育发展的外部性逐渐加强，产教融合、校企合作、产学研结合、工学结合等逐步成为职业教育发展的热点，为拓宽职业教育发展路径创造了前所未有的契机。培育具有专业技能与工匠精神的高素质的技能人才，支撑“一带一路”“中国制造 2025”在实现中华民族伟大复兴的中国梦中发挥着极为重要的作用，职业教育将更加坚定地承担起锻造大国工匠、奠基中国制造的职责，更加有力地肩负起技能强国、职教兴邦的历史使命。职业教育在服务“一带一路”，助力行业企业“走出去”作出了应有的贡献。如天津市职业院校“鲁班工坊”的实践，先后在“一带一路”沿线 7 个国家落地。

2015 年启动的教学工作诊断与改进制度的工程，对保证教育教学质量的提高是一个强有力的措施，并于 2016 年确定了 27 所高职院校展开诊改试点工作。一系列重要政策的出台，说明了国家对职业教育的改革越来越重视，其地位也越来越重要，在我国职业教育发展史上具有重要意义。

二 专业群研究概述

在大力提倡建设高职特色专业群的背景之下，专家学者对专业群的相关研究成果较为丰富，通过对知网平台相关文献的梳理，主要包括以下几个方面的研究。

一是关于专业群的内涵、目标和建设路径方面的研究。如鲁娟娟，戴慧（2014）提到专业群的内涵建设、专业群建设的理论意义和实践意义、专业群建设的内容；俞国等人（2014）提出了专业群的布局与调整应与区域产业集群相匹配；左武荣、徐龙志（2015）从专业群定位与社会需求分析、确定专业群服务的职业岗位群、优化专业群人才培养方案等三个方面对专业群建设路径进行了论述。程良龙等人（2016）提到了要通过产业链与学科联合等三种思路组建专业群。

二是关于专业群课程体系建设的研究。如陈莉(2019)提到,要行业企业及学校专家跨界融合、共同研发具有区域文化特色的新型立体智慧教材。辛岚（2019）提到，要构建基础、专业和拓展的三层次专业群课程体系。孟祥丰（2018）提到，要进行专业群课程统一和整合，以发挥专业群课程合力。江岸（2019）提到，专业群核心课程应与岗位能力要求进行对接，并要与1+X证融通和技能竞赛融合、整合与规划。

三是关于专业群实习实训方面的研究。实习方面,包括直接到用人单位顶岗实习、轮岗实习、认岗实习及跟岗实习方面的研究；实训室建设方面，主要在全校、专业群内、校企共享与融合,既满足校内教学,又能服务于企业员工技能培训和技术研发等。如李科（2018）提到，构建专业群共享型实训课程体系，并以专业技能能力和实习能力培养学生的职业素养。胡洋（2018）提到，探索出校企生三位一体的实习新模式与管理运行机制，切实提升工作岗位的实习质量。

四是关于专业群师资方面的研究。主要涉及群内师资管理与校企师资共享方面研究。如牛抗（2014）指出，师资力量建设质量决定专业群的建设质量。尚晓丽等人（2017）提到，专业集群师资知识结构重组侧重于专业知识的重组。朱厚望（2018）提出，师资团队建设是专业群内涵建设的内容。

五是关于专业群资源共享方面的研究。资源共享教师提供优质教学资源与素材，又为学生提供更开放的自主学习与实训的平台，同时还可供企业的员工培训与学习。如任滨（2019）提到，积极推进在专师资、线上学习库及实训实习资源等教育教学资源的协同发展的现代专业群管理模式。杨佳佳等人（2019）指出在构建专业群时要深入分析资源结构与来源，实现群内的资源共建共享机制。

六是侧重商科专业群方面的研究。如任继永（2019）在深入产教融合、校企合作方面提出，要创新职业教育新商科类专业群建设的思路、内容以及实现的路径，促进专业群建设走协同发展的道路。唐旭茂等人（2019）指出，对接现代商贸流通产业，优化专业结构，构建"互联网+"发展的商贸流通产业专业群。江凤香（2018）从新商科角度提到，建立健全人才培养质量标准，构建特色专业集群,实现各类教学资源共享,以更好服务地方区域经济发展。代春艳等人（2015）提出了以打造优势专业为核心，以提高办学质量与水平为重点，构建特色鲜明、结构合理的工商管理学科专业群建设思路。吴敏良等人（2016）基于"无界化"理念，打破院系、学科和专业之间的界限，共享各种教科资源，优化整合专业结构，构建示范性特色专业群。

通过对教学实务工作者及学者关于专业群建设的理论研究的梳理，总体来看，从不同角度提出的模式、路径及管理机制的对策建议对专业群建设有较多的启示，然而目前高职院校特色专业群建设中研究的盲点仍存在，比如以内部质量保证体系促进专业群高质量发展方面的研究，就需要进行更深入更全面更广泛的探索。

三 高职院校内部质量保证体系研究概述

在全球高等教育质量保证研究热潮的推动下，高等教育质量保证成为全球性、区域性与本土性的热门话题，我国高等教育质量保证理论研究与实践探索得到了快速发展，特别是近几年更是成为研究热点。以中国知网总库为数据源，以主题词“内部质量保证体系、高职”检索有447条记录，其中以发表时间2018年1月1日为起始时间至检索时间的有342条记录，占76.5%；以主题词“诊断与改进诊改、高职”检索有280条记录，其中以发表时间2018年1月1日为起始时间至检索时间的有215条记录，占76.8%（检索时间为2022年1月20日）。2018年以来的研究成果较之前有较大提升，这也是内部质量保证体系建设在我国高职院校全面推行的必然结果。而相关研究以“高等职业教育”的范围检索有更多的记录。此外，还有以专著的形式进行详细的研究。通过对以上文献的认真研读、梳理与分类，研究主要关注以下几方面。

》》》1. 关于内部质量保证方面的总体研究

关于高等教育质量保证的研究主要集中在体系、运行机制、方法和手段等方面。杨应崧（2015）指出，高职院校内外部质量保证体系共同组成我国特色的职业教育质量保证体系。刘凤存（2015）首次提出了基于环境、目标、主体、对象和手段系统的“五位一体”高职院校内部质量保证体系的框架结构。赵景辉（2016）、李亭亭（2016）、李佳圣（2017）分别分析了新环境下的质量保证框架、组织架构、制度架构、教师准入制度和运行机制的内部质量保证体系。刘阳（2017）从质量依据、质量标准和质量文化等方面提出了相应的建议以解决内部质量保证体系建设存在的问题。陈振（2018）基于职业教育质量的复杂性、多样性等特点，通过对教育质量衡量标准的反复审核，切实达到保证教育内部质量的效果。此外，以吴访升、杨应崧为代表的围绕所在学院的内部质量构建、实践及取得的成效为研究对象的文献有约30篇。

》》》2. 关于诊改方面的研究

在诊改工作机制方面，徐涛等人（2016）从质量、显示、适应、保证、产教融合及社会贡献等6个维度组成高职院校专业诊断体系，并由此构建评价模型与指标体系。赵景辉（2016）指出通过质量标准、诊断与改进、反馈体系要素构建闭环内部质量保证体系诊断与改进机制。刘阳（2017）认为，要增加学校诊改工作的主体，即协同行业企业参与学校的诊改工作，从而使诊改工作能更客观。李艳（2018）指出，要加强学校和专业两个层级的专业诊改机制的建立，提高专业诊改工作的有效性。王石磊等人（2017）提出应从协调、创新和优化等方面科学构建专业诊改工作机制。崔红（2019）认为，诊改机制本质就是对教学质量是否达到了人才培养目标的要求，所进行的价值判断与持续改进。洪志等人（2020）全面梳理了高职院校在内部质量保证体系建设的成功经验与做法，并提出相关策略建议与方案样本。

万德年（2017）介绍了黄冈职业技术学院为专业诊断与改进开展的实践工作。陈天娥（2017）提出以成果导向开展专业诊断与改进的设想。李宇才（2017）提出建立常态运行的持续的专业诊改机制。韩韬等人（2018）介绍陕西国防工业职业技术学院的“十级递进，三步调整”专业诊改实践。张键（2020）则是引入了目标管理、全面质量管理、卓越绩效管理理论建立诊断标准体系框架。

丁才成等人（2018）提到了，建立社会需求、人才培养、专业、课程的目标链和标准链，分析研究教学过程大数据中的诊断点和质量控制点、实时监测点，建立该门课程层面质量保证体系。谈向群等人（2018）认为，在课程层面自诊中，强调课程的全过程管理、自我诊改、常态性纠偏、阶段性自诊，打开质量管理的“灰箱”，实现课程质量管理的提升。杨茂芽等人（2018）、黄常翼（2018）、曾光辉（2020）、马靖宇（2020）、叶继强（2020）等，认为行业企业需求是课程内容诊改的核心，并分别从确定目标链和标准链、课程标准诊改指标体系、确定等级标准、评价方法及课程标准制定、修订与执行情况专项诊改实施等方面分享了课程教学过程专项诊改设计与实践经验。

郝魁等人（2017）、段琼辉等人（2018）、邹寄燕（2019）、张金兴（2019）、胡子芬等人（2019）、李双（2020）、石龙等人（2020）等，探讨了基于教师层面的教学诊改工作，通过诊改查找不足，提出了构建多维度教师激励机制。同时，也提到构建多元教师的评价体系和注重质量文化建设。

陈向平等人（2016）、陈中耀等人（2019）、汪石果（2020）、何敏等人（2020）、黄贤智（2020）等，探讨了基于学生层面的诊改工作，认为完善学生发展诊改有利于提高学生的满意度，侧重于思政、学生学习体验、身心健康、实践等方面优化诊改指标体系，体现对学生学习状态、教育服务质量的诊改。

目前关于教育质量标准的相关研究侧重高等教育，从高职教育角度研究的较少，研究的热点主要包括高等教育在质量标准理论及体系建设的研究。主要以李志义（2013）、丛昕（2013）、吕红（2018）、国兆亮（2020）、孟凡芹等人（2020）为代表，分析描述高等教育质量标准的核心内涵，并分别按上述分类从目标确立、培养过程、保证条件、教育结果等四个维度提出了高等教育质量标准的总体框架设计。

在内部质量监控与评价方面的相关研究，关注的焦点聚集在教育质量评估、评价及体系，以及教育评价指标与方法等方面的研究。如何斌等人（2013）、李冬梅等人（2016）、卢艳红（2017）、李一鸣（2019）、张欣月（2020）等，从教学质量监控组织管理、人才培养质量的监管与评价指标体系、教学质量监控体系的构成等方面探讨了内部质量监控与评价。

何英高（2020）、蒋远辉等人（2020）、贾文雅（2020）等，分别从不同角度对诊改的信息平台建设、相关指标体系及质控点，规划大数据应用，对完善智能校园各支撑系统建设进行了探讨。

关于国外高等教育质量保证体系的研究，国内学者基本以英国、美国、日本及德国为研究对象，侧重于比较探究，以主题词“英国 教育质量保证体系”检索有 41 条记录；以主题词“美国 教育质量保证体系”检索有 21 条记录；以主题词“日本 教育质量保证体系”检索有 21 条记录；以主题词“德国 教育质量保证体系”检索有 3 条记录。以“澳大利亚日本 教育质量保证体系”检索有 23 条记录。相对这些发达国家，对东盟国家的研究很少，新加坡相对多些。这些对国外高等教育质量保证体系的研究，主要探究内容多关注各国高等教育教学质量保证的发展历史进程、现况以及其运行机制等方面的介绍。一是对多个国家的比较研究。如李磊（2013）、邵会婷等人（2014）、申天恩等人（2015）、郑立（2018）、别敦荣（2019）、陈新忠等人（2021），分别对欧美及日本等发达国家高等教育质量保证的标准、框架和指南进行了比较研究，并针对我国高职教育实际情况提出了完善质量保证体系的对策建议。二是以欧美某一发达国家的高职教育质量保证体系作为研究对象。如张宁新（2013）、王庆（2013）、涂三广（2014）、丁文利（2014）、肖玥玥等人（2017）、刘膺博等人（2020）、刘磊等人（2020）介绍了以市场需求为导向的国家资格框架体系下，英国职业教育内外部质量保证体系及其运行模式，以此为借鉴，并为如何建立和完善我国职业教育质量保证体系提出相应的建议。张蕴等人（2016）、郑淑玲（2019）、胡德鑫（2020）以德国职业教育内外部质量保证的法律措施、质量评价标准为研究对象，并从中提到对我国职业教育内部质量保证体系建设可借鉴之处。夏强等人（2017）、蒋家琼等人（2010）、游佳（2020）则以法国高等教育外部质量评估体系的基本框架、特征为研究对象，并提到其多元化的评估专业参与评估对我国高职教育内部质量体系有值得参考之处。马君（2013）、吴雪萍等人（2014）、周慧娜（2015）、肖毅（2016）、梁卿（2019）、郑越洋（2020）论述了美国高等职业教育质量保证体系，并提出对我国高职教育内部质量体系的可借鉴之处及相关建议。王丹等人（2014）、赵明（2014）、陈竹韵等人（2017）、任文杰（2018）、张微雨（2019）以澳大利亚高等教育质量保证体系为研究对象，分析其框架、特点以及对我国的启示。孙颖等人（2014）、韩玉等人（2017）、秦琴（2018）、RieMori 等人（2018）、李昱辉（2020）等介绍日本高等教育质量保证体系相关研究，提到日本高等教育的国际化战略和多元化评价体系等改革方向，并对完善我国高等职业教育质量保证体系提出建议。张伟远等人（2017）介绍了东盟终身教育资历框架的构建，同时可通过质量保证系统保证资历与学分的互认。聂永成（2012）、王颖颖（2016）、戴冬秀（2010）等则是对新加坡高职教育质量保证体系进行分析，并从中得到适合我国的建议。刘李春（2013）、赵强（2017）、付悦涵等人（2019）介绍了马来西亚高等教育质量保证体系及特点，并总结出对我国的有益启示。蓝秀华等人（2014）、宋洁勤等人（2019）则介绍了泰国职业教育质量体系。

进入内涵发展阶段之后，特别是随着诊改工作的深入推进，“内涵”“质量保证”“优质”成为高职教育研究的关键词与研究热点，研究者们基于自身的理解与对诊改工作存在的相关问题分析，从不同的视角对内部质量保证及诊改工作进行了较为全面深入的探讨，成果相当丰富，这对丰富与完善我国高职教育内部质量保证体系建设具有很大的推动作用。然而，现在的研究成果尚存不足，主要表现在以下几方面。一是研究的深度不够。无论是高职教育质量保证内涵研究、路径探讨、对策建议，抑或是方法论意义上的高职教育质量保证国际比较研究，得到的基本结论或建议更多地停留在内部质量保证体系的工作思路、对策建议等认识层面，缺乏深入的讨论，理论深度不够，未能从深度上论述人才培养内部质量保证问题，而关于高职教育质量标准及体系建设的研究缺乏系统性和整体性。此外，对质量监督方面的研究也较为薄弱。二是研究视野的宽度不够。各高职院校在不同发展阶段面临不同的发展需求，内部质量保证体系建设更应与时俱进、因地制宜地推进。结合新经济、新科技的发展形态，以及“双高”建设，深挖时代特色，拓宽研究宽度。三是对实证研究不足。在实践中不断总结提炼以真正指导与创新内部质量保证体系的构建，但现有的研究更多的是对概念、内涵、目的、意义等进行理论性研究，更多是徘徊在理论层面的研究，而实证研究相对较少，未能深入到具体的学校、专业，对具体操作、实施研究较少，特别是对个性化、案例及应用性研究也相对较少，未能深入探究人才培养内部质量保证体系存在的现实问题，对目前实践中存在的问题缺乏深入分析，“对症下药”解决方案研究尚显薄弱。同时也忽略对学校、专业、课程、教师和学生等具体层面存在的问题与面临的难题进行研究，难以增强现实意义。

第二章

国内外相关经验及启示

2.1 国外实践经验

一 专业群建设经验

》》》1. 国家层面推进职业教育服务产业集群发展

西方发达国家的职业教育专业群建设经过多年的发展，取得了较好的成效，对经济发展作出了贡献，这对推动职业教育专业群建设具有重要的意义。在西方发达国家，职业教育被认为，为产业发展服务是其使命使然，专业群与产业和谐发展是顺理成章的。因此，对职业教育专业群建设服务于产业链与产业集群发展的理论研究少，更多的是直接付诸实践。德国著名的“双元制”职业教育体系中，学校承担专业理论知识、公共、道德课，占总培养任务的30%；而另外70%的培养任务则由企业完成，主要培养学生实操能力，使学生能够接触生产第一线学习实用技能，与企业需求紧密联系起来，这是以产业为导向、以企业为主导的职业教育体系，以能力导向的专业标准，以工作导向的专业课程，确保了职业教育与区域经济，专业建设以及产业链与职业群的协调发展。

各国的职业教育各具特点，如德国的“双元制”、英国的BETC模式、美国的社区学院，但最终都是为了实现职业教育与经济发展需求的紧密结合。以澳大利亚为代表加入的《悉尼协议》其四大核心理念包括以学生为中心、以成果为导向、倡导持续改进、尊重专业个性，这对我国高水平专业群建设，建立规范化流程和标准，切实推进以学生为中心的育人理念和持续改进的质量保证，最终高质量服务区域经济、“一带一路”“中国制造2025”战略具有非常重要的借鉴意义。

》》》2. 职业教育与产业集群的结合 / 与行业对接，尽力做到产学研结合

职业教育发达的国家，行业企业在其中发挥着极为重要的作用；如澳大利亚形成了以行业为主导的职业教育制度，使职业技术教育具有了可持续发展的强大源泉。加拿大社区学院CBE，按照企业的需要，主要由8至12名行业企业人员组成的委员会制定课程大纲。以德国为代表的“双

元制"，这是产学结合的一种典型范式。职业教育与产业集群的结合更多地以职业教育集团化办学作为重要的实现路径。从发达国家职业教育集团化办学的实践来看，有联盟关系紧密的行业企业主导模式和联盟关系较松散的政府主导模式两种。第一种模式以荷兰鹿特丹航运中心集团为代表，第二种模式以荷兰农业职业教育集团为代表。

区域性是职业教育的重要属性。区域性职业教育集团是区域职业教育自身发展的必然趋势。我国关于职业教育集团化办学，教育部也出台了一系列的政策文件，这必将推动我国职业教育集团化办学的高质量发展。据报道，目前我国共建有约 1400 家职业教育集团。

》》》3. 以市场需求为导向的集群专业设置模式

完善的职业教育体系以及规范的专业设置依据和设置程序是各发达国家职业教育较为显著的特征。以市场需求为导向专业设置的依据，就是以产业发展结构的变化和产业群集群需求，以及职业岗位和职业岗位群的调整与能力要求为基础。设置的程序则包括行业企业等多方参与，以保障专业的设置与产业发展需要高度匹配，增强就业竞争力。

二 职业教育质量保证体系实践经验

》》》1. 质量保证体系国外实践

进入 21 世纪以来，为了保证高等教育健康、高质量的发展，主要发达国家均已根据自身国情和高等教育发展趋势采用了各具特色的高等教育质量保证体系，并在实践中不断推行和完善，高等教育质量保证均是建立在内部质量保证体系之上的，强调在内部评估的基础上也重视外部质量保证。本项目选取职业教育质量保证实践比较早的欧美及一些较发达国家，如以美国、澳大利亚、英国、德国、新加坡和日本等国为例，介绍这些国家高职教育质量保证的内涵、作用、组织体系以及运行模式，以期对我国高职教育质量保证有所借鉴。对这些国家的职业教育外部质量保证类型大致可以概括为以下三种：质量认证、质量评估和质量审计，质量认证中比较强调机构资格认证和专业认证。当然由于国情不同、高等教育大众化程度的差异，其活动类型的侧重点也有所不同。

（1）英国

英国的高等职业教育质量保证体系是以市场需求为导向的国家资格框架体系下的内部质量保证体系和外部质量保证体系。内部的质量保证体系主要包括自我评估、质量监控、制定并执行严格的学术标准。而外部质量保证体系则主要由职业资格证书教育质量的监督体系和独立的社会第三方教育质量评估制度组成，主体主要包括行业技能委员会（SSC)、高等教育质量保证局（QAA）和教育标准办公室（OFSTED) 等。英国先后建立了统一的国家职业资格标准，所有职业教育机构均以获得职业资格作为重要教学目标。英国在规范资格框架中能够有效监控职业教育质量，并在很大程度上保障了学历资格、职业资格、学徒资格等资格的融通性。同时建立了自我评估和外部评估机制，保证了职业教育高质量运行，以确保人才的培养质量。

（2）**德国**

德国的高职教育质量保证也包含外部质量保证和内部质量保证，其三条主线为：一是以法律作为职业教育质量管理的保证；二是建立内外评估体系，实现职业教育质量持续改进；三是加强第三方专业机构的有力监控，实现内外部机制加强教育质量。德国高等教育内部质量保证体系有明确的法律依据、职能分明的相关机构和公开透明的章程、程序。Q2E 模型是德国目前运用最为广泛的职业教育质量保证模式。德国的高职教育质量保证组织体系为教育行政主管部门、第三方机构、学校内部质量管理部门。德国高等教育质量保证体系的核心是评估和认证，其核心组织机构是认证委员会和认证代理机构等第三方机构。认证委员会负责确定认证代理机构进行认证的标准以及协调和监督认证代理机构的工作。教育质量考评委员会，由教育专家、行业企业人员组成，负责质量评估体系建设并定期实施评估。各州文教部长联席会议（KMK）设定了高职院校“学校质量标准”和“教师教育标准”的框架条件。以法律措施强化职业教育自身的管理质量。

（3）**法国**

法国高等职业教育质量保证体系由内外部质量保证体系组成，是典型的集权模式，由政府控制评估过程，包括质量评估制度和教育督导制度，以整个高职教育系统作为评价对象。评价方式主要包括自评、外部评估，评价结果作为对高职院校拨款的参考依据；同时评价结果向社会公开，接受社会监督，以此提高高职院校办学质量。法国高等教育质量保证体系组织机构除了高校等教育机构外，主要由国家高等教育研究委员会、高等教育与研究评估署、国家职业资格委员会等构成。国家高等教育研究委员会是审批学校发展教学项目的最低条件的责任机构。高等教育与研究评估署以“欧洲高等教育区质量保证标准与指导原则”为标准负责评估高校等教育和研究机构的质量，并协助其进行内部评估。国家职业资格委员会则负责高职学位和资格证书认证。法国通过立法明确了高校、评估委员会等各机构的权利义务，评估机构的使命与职能、性质、评估过程也有严格的法律依据，使评估机构依法行事，确保其独立性、公正性、权威性和客观性，最终保证评估质量。高等教育与研究评估署开展综合性评估，每轮评估大约历时 9 个月，对高校等教育机构、研究机构的行政管理、科研以及教学与学位资格开展综合性评估，并在评估后跟踪调查与监督。将评估结果向社会公布以接受社会监督；同时也将评估结果提供给政府相关部门，作为财政对大学拨款的重要参考。

（4）**美国**

美国高等职业教育保证的突出特点是以市场为导向，对学校进行形式灵活主体多样的内外质量保证与监控，建立了多层次、全方位、内外部评估相结合的职业教育质量动态保障机制。内部质量保证体系主要通过对学校内部的管控、测评和评估等方式对教育质量进行监督与保障，侧重教学质量的监控，强调以学生为中心的教学理念，广泛运用绩效指标评价方法；健全有效的内部评估督导、评价与竞争机制。在州立大学的内部质量保障中，依托先进信息技术，在学校的内部质量管理上取得了显著的效果。而外部质量保证体系则通过认证中介机构等对高等院校与专业进行认证，并从院校认证和专业认证两个维度制定多元化、系统性、层次性的质量标准体系，以保障其教育质量呈现出常态化、绩效性和市场化特点。美国教育质量保证认证活动包括院校认证和专业认证两种，不同类型的认证有不同的质量标准，即院校认证标准和专业认证标准。外部保证则是以第三方认证为手段，监督和促进学校持续高质量发展。学校要自行要求和选择通过政府认可其资质的第三方认证机构对学校办学水平、规模及专业的办学能力进行认证。符合最低标准以上的学校才能取得资质并对外招生，对于办学理念、教学、课程安排、科研、社会服务等则作引导性要求。认证除了保障院校或项目的质量以及衡量学校办学水平与能力的标准外，还可作为获得政府财政拨款依据，因为学校如果想获得联邦政府的拨款，必须通过具有认证资格的第三方认证机构的整体性和周期性认证，同时必须将认证结果向社会公布，以接受公众的监督。

（5）**澳大利亚**

澳大利亚同样是由内外部保证机制构成。澳大利亚有力的政府保障措施及标准化职业教育体系让其成为国际上具备非常完善的职业教育质量保证体系的国家之一。澳大利亚职业教育质量保证体系的三大支柱包括国家资格认证框架、国家质量培训框架以及"培训包"。2011 年底，建立了"高等教育质量和标准署"。澳大利亚高等职业院校内部的学术委员会和管理委员会负责内部质量保证工作。其外部质量保证组织机构则包括联邦政府和地方政府，高等教育质量和标准署，学历资格评定框架署，学术团体和行业协会等五大主体的组织体系。除政府和高等教育质量和标准署两个主体外，其他三个主体机构从澳大利亚联邦政府独立出来的非营利机构，学历资格评定框架署负责审核审计工作，属于监管机构，统一承担澳大利亚全国性的高等职业教育政策及质量保障工作；学术团体和行业协会则负责认证工作，是通过本行业的行业标准对高职院校进行教育教学质量的评估和监督。澳大利亚高等职业教育质量标准主要包括机构注册、课程认证、国家学历资格框架和外部质量审核等质量标准和框架体系。在高等职业教育机构自身的内部质量保证方面：主要包括建立学校质量管理框架与发展战略。外部保证主要由认证和质量保证组成，通过认证以考察学校、教育质量、专业或课程是否达到了一定的标准与要求，只有被认证的学校才有权授予学位；质量保证程序为高校提供了宏观层面的全国统一的保证机制。

（6）**日本**

经过半个多世纪的日趋完善的发展，日本高等职业教育质量保证形成了比较成熟的体系。在日本，高等教育评价的外部机构主要包括三类：一是由政府设立的机构；二是由大学自发组织的团体；三是由其他机构组成的团体，如日本技术者教育认定机构（JABEE）。作为独立行政法人的大学评价 · 学位授予机构（NIAD-UE），重要职责之一是实施针对国立大学的大学评价和学位授予。日本高等职业教育质量的标准，主要包括大学评价的标准、大学认证标准、教师资格标准。大学评价的标准侧重于高校办学目的、人才培养、学校管理、提高教育水平和改善教育质量的体制等方面。评价涉及大学自身的办学理念与目标，教育研究组织，教育研究的内容、方法与条件配备等 13 个方面。大学评价 · 学位授予机构实施认证评价程序，推动高等教育的质量进行评价。

（7）新加坡

新加坡高等职业教育质量保证组织机构、管理体制和运行机制是构成新加坡高职教育质量保证体系的主体部分，由内外部保证体系组成。新加坡高职院校成立质量中心，其内部质量保证内容主要集中在专业、课程、教学、师资等方面进行管理和监控，其方式以自我评价为主。新加坡高职教育外部质量保证体系的保障主体有教育部，以及职业教育与资格鉴定协会、大学捐赠基金会等中介机构；其保障方式主要采用评估、认证两种方式。职业教育与资格鉴定协会是最为重要的第三方认证机构，已获得国际认可全球通用的“职业教育鉴定书”“职业教育学历证书”就是由该协会颁发的。

（8）马来西亚

马来西亚高等职业教育质量保证体系同样由内外部质量保证体系构成。内部质量保证体系是整个质量保障体系的内核和基础。外部质量保证体系主体主要分为两类：一是由政府设立的质量保障机构，包括主要针对公立学校设立的教育部质量保证司和主要针对私立学校设立的国家认证委员会；二是由第三方民间性的社会组织设立的质量保证机构。对马来西亚来说，人力资源部是全国最大的非本科职业教育认证机构。同时人力资源部还负责实施质量认证框架，并为国家质量认证的准则和标准提供指导服务。职业资格框架(MQF)是马来西亚的一个国家框架，是高等职业教育质量保证的基础，是提供职业资格的认证系统。

»» 2. 国外职业教育质量保证体系的特点

上述提到的这些国家的职业教育质量保证体系，虽然在具体实施职业教育质量保障的做法上各具特色，但仍然有许多共同点，如法律的保障、全方位监控以及多主体参与为保证教育质量发挥着自身的作用，推动和保障职业教育的发展。

一是以立法的方式筑牢了保障质量环境。通过制定相关教育法律法规、政策与制度，筑牢了保障质量环境，为高职教育得以沿着正确轨道与方向获得可持续发展保驾护航。

二是内外有机融合的教育质量保证体系。内部保证体系为主体，外部保证体系促进内部保证体系，内部保证体系和外部保证体系并举，在建立内部质量保障的过程中，是由外部的认证机构对高校的内部质量保证体系进行认证，以批准其自主认证专业。建立相匹配的外部机构以推动高校内部质量保障的合理化、专业化、系统化，通过外部机构帮助高校避免同质化的内部保证体系。

三是建立多元主体、职责分明的组织架构，确保职业教育质量公平、效率和公信力。一是内部质量保证主体方面，充分体现“以人为本”的理念和思想。二是在教育质量评价主体方面，包括政府部门、学术协会性质的团体组织、第三方评价。这使得认证能保持客观、公正，体现了公平与效率，从而确保了教育质量保证的客观公正。

四是强调质量评估，并以自我评估作为主要质量保证评价方式。质量评估主要是对高等教育机构不断发展的情况、取得的成效和存在的问题等进行审核评估，以明确高等教育机构所取得的成效、作出的贡献。外部质量评估，不管是全面性质的机构评估，还是单一的教学效能的评估，均是为了保证高等教育机构为学生提供优质的教育，促进高等教育的发展。

五是强调质量认证和质量评估的相互补充及发展。具体表现为，从机构设立开始来保证高等教育机构的初始质量，在过程中强调对机构的审计，强调内部质量保证体系的构建，以保证过程质量；最后从对教学科研效能的质量认证来保证结果质量。

2.2 国内实践经验

一 专业群建设实践

职业教育的"双高计划"是国家职业教育改革的重点措施，而高水平专业群是中国特色高水平高职学校建设的重点。以下几所财经商贸大类的分析均来自入选高水平学校建设的学校。

》》》1. 江苏经贸职业技术学院的电子商务专业群

1.1 专业群建设基础

核心专业情况。以电子商务专业为核心，带动移动商务、连锁经营管理、国际贸易实务、物流管理4个专业组成"单核引领"型电子商务专业群。专业群拥有国家级电子商务专业教学团队，主持了国家职业教育移动商务、连锁经营管理2个专业教学资源库及民族文化传承与创新子库——"一带一路"贸易文化传承与创新备选库。

优势与特色。创新了"政产校企"多元合作的专业群建设机制；创新了三维度"动态能力集"工学结合人才培养模式；锻造了一支过硬的集"教学+科研+服务"为一体的国家级优秀教学团队；建设了课程与科研相结合的"三同两融、三维递进"专业课程体；建设了国内领先的开放共享型校内外实习实训基地；引领专业和产业协同发展，创新专业技术技能积累的新机制、新途径；生源质量好，培养质量和就业质量高；发挥专业建设优势，社会服务能力强；开展国际合作交流，助力国家"一带一路"建设。

1.2 组群逻辑

专业群与产业的对应性。现代商贸流通业是长三角一体化和江苏省重点发展的产业，基于“互联网 +”的电子商务、移动商务、跨境电子商务等新兴高端服务业高速发展，同时，基于“智能 +”的实体零售、物流服务、对外贸易等传统服务业向“智慧 +”的产业高端升级，使传统的商贸流通向智慧商贸流通飞越。电子商务专业群 5 个优势专业主要是面向智慧商贸流通业培养运营及管理一线关键岗位的高素质技能型人才支撑高水平的技术服务。

人才培养定位。围绕立德树人，将工匠精神、苏商精神融入人才培养全过程，培养复合型和创新型的现代商贸流通业高素质技术技能人才，能够胜任包括电商运营岗、商务数据分析岗、智能门店管理岗、跨境电商运营岗、智能仓储岗、网络营销岗、新媒体营销岗、产品运营岗、物流规划岗、社会化客户管理岗等职业岗位群相关工作。

群内专业的逻辑性。基于相同的财经商贸大类学科基础：相关度高的电商运营、商务数据分析等就业岗位；共享度强的电子商务导论、市场营销等课程资源及苏宁易购、光华校区科技园、江宁校区创业园实践基地等组建电子商务专业群。借助核心专业主持多项国家级项目、国家级教学团队、省级大学科技园等资源优势，带动其他 4 个专业发展。专业有机整合、群内结构优化、教学资源共享，形成合力。

1.3 建设目标

面向区域产业技术创新、业态创新、模式创新的快速发展，打造学生个性发展与适应产业转型升级的协同育人新模式；主持和升级国家教学资源库、联合开发技能等级标准和课程教学标准，打造国家精品在线课程和“互联网 +”新形态国家规划教材，优化“共享 + 分立 + 互选”课程体系，深化混合式、模块化教学教法改革，形成商贸类教学教法新样板，打造中国商贸类高职“金课”；联合申报产教融合型企业，建成国际领先的“数、研、训、服”一体化的现代商贸数字港 4 个智慧中心，打造国家产教融合实训基地；依托 4 个省级工程中心和省级科创团队，打造跨界融合的国家级教学创新团队，建成智慧商业研究院，建立聚焦中小微商贸类企业技术创新研究的技术技能服务平台；引入澳大利亚 TAFE 证照，与美国威斯康星大学深入合作，共同开发国际化课程标准。建成电商谷南京中心，打造电商谷柬埔寨中心样板，服务当地中资企业，输出中国方案，打造职业教育国际品牌。

1.4 建设内容与举措

联合行业领先企业，创新人才培养新模式，包括深化“学校 + 行业领先企业”双元协同育人机制等。对接产业先进要素，建设群课程教学资源：以校企合作为契机，共建专业群课程体系等教学资源库。适应认知规律改变，实施教材与教法改革：产教融合，打造“互联网 +”新形态教材；开展“智能 + 教育”个性化教学教法研究。整合校企优势资源，培育教师教学创新团队：落实“四有”教师标准，塑造教师工匠气质；成立“技能大师工作室”“教授工作室”，强化高层次人才队伍建设。围绕“教、研、训、服”目标，建设开放共享实践基地。服务智慧商业领域，打造技术技能高平台：依托中国科学院物联网研发中心，共建智慧商业研究院。面向企业高校。

聚焦“引进来”“走出去”，树立中国职教新品牌：成立电商谷南京中心，助力国家“一带一路”建设；深化国际院校合作，开发国际化教学资源与专业教学标准；师生深度互动交流，扩大海外招生。跟踪现代商贸流通，推动专业群可持续发展：建立专业群跟踪产业发展的自我调整机制；建立激励机制，激发专业群利益方的内生动力；完善专业群内部质量保证体系。

》》》2. 无锡职业技术学院市场营销专业群

2.1 专业群建设基础

按照“基础共通、技术共享、资源共建、人才共育”原则，对接“互联网+”、服务“一带一路”发展需要，构建由市场营销、电子商务、国际经济与贸易、商务数据分析与应用、视觉传播设计与制作5个专业组成的市场营销专业群。专业群各专业积淀了丰厚的办学成果，特别是专业群核心、主体专业——市场营销专业建设成果丰硕，这为整合专业群的建设夯实坚实的基础。

在团队建设、课程建设和教学能力大赛中取得了丰硕成果。专业群现有教授6名，副教授19名，具有博、硕士学位（含在读）的教师60名。专业群教师近5年承担市厅级及以上教研科研课题25项，在核心及以上期刊发表教科研论文20多篇。国家级教学团队1个（市场营销教学团队，2010年），江苏省“333”高层次人才培养对象3人，江苏省高校“青蓝工程”中青年学术带头人3人，江苏省高校“青蓝工程”优秀青年骨干教师5人，国家精品课程2门（“现代企业经营管理”和“ERP原理与应用”），《市场营销策划》等国家“十二五”规划教材9部，2013年江苏省高等学校优秀多媒体教学课件比赛一等奖，2015—2018年江苏省微课设计大赛一等奖4项。

实训基地建设成果显著。中央财政支持实训基地1个（市场营销实训基地，2013年），江苏省财政支持实训基地1个（现代商贸实训基地，2012年），江苏省高等职业教育产教深度融合实训平台1个（“互联网+”现代商贸实训基地，2016年），校内生产性实训基地——“校中店”6个（苏宁云商无锡商院店等），红豆集团等40多个校外实训基地。

服务“一带一路”，国际影响力强。2012年起累计承接红豆集团等“走出去”企业海外员工培训14期共1万余人次；承办首次“一带一路”沿线国家国际学生国际贸易技能竞赛（中国国际贸易学会主办，2018年），获得行业高度认可；建成跨境电商创新人才输出中心，年输出跨境电商应用型人才60余人；建成无锡市跨境电商初创企业孵化中心，成功孵化40余家跨境电商企业，年销售总额超亿元；打造传统贸易企业转型服务外包中心，助力10余家传统贸易企业成功“触网”；2015年起，培养“一带一路”沿线国家学历教育国际学生50余名。

2.2 组群逻辑

对接产业链走向组群。直面数字商业产业链扁平融合发展的态势所急需的高素质复合人才培养培训需要而组群。市场营销专业对应数字商业全产业链，视觉传播设计与制作专业主要对应前台，电子商务、国际经济与贸易专业主要对应中台，商务数据分析与应用专业主要对应后台。

契合产业技术技能融合需要组群。跨界协同、优势互补的群属专业均服务于数字商业职业岗位群对国际化、数字化复合能力需要，共同培训数据分析应用、多元传播等复合技术技能需要而组群。

基于专业群专业内在统一关系组群。坚持营销理念和国际视野先行，市场营销专业优势引领，市场营销、电子商务、国际经济与贸易专业主体坐镇，商务数据分析与应用、视觉传播设计与制作专业两翼支撑而组群。

五个专业共享教学资源，内在统一，相互支撑形成合力，共同培养高素质国际化数字营销技术技能人才，为数字商业高质量发展提供人才支持和技术服务。

2.3 建设目标

聚焦数字商业，坚持技术技能型、数字化、国际化的发展道路，专业群优化教学团队、人才培养、社会服务、研究创新、国际合作等领域的建设布局，建成“德技双馨”国家级职业教育教师教学创新团队，形成可复制借鉴的国际化数字营销人才培养模式，开发商务数据分析师等职业标准、数字营销等职业技能等级标准，建成新商科研究协同中心，建成跨国联动的产教融合型数字商业实践教学基地，校企共建国家专业教学资源库、国家精品在线开放课程、国家规划教材等一批开放共享的优质教学资源；面向澜湄区域国家输出职业教育专业标准体系和教学资源，实施海外培养培训，服务“一带一路”，助力企业“走出去”发展，国际学生教育质量显著提升。

至 2022 年，主要建设指标位居国内高水平专业群前列，在重点领域有显著突破，专业群成为业内认同、国内领军、国际有影响的培养高素质国际化数字营销技术技能人才的示范引领者。到 2035 年，市场营销专业群为数字商业高质量发展提供数以万计的高素质国际化数字营销技术技能人才，成为中国职业教育优质标准体系的制定者和教学资源的供给者，代表中国实力、中国品牌。

2.4 建设内容与举措

育训并举，完善国际化数字营销人才培养体系：强化产教融合，完善“五定”现代学徒制人才培养模式；依托多类型项目，培养学生复合技术技能；推进课证融通，完善复合型人才培养培训体系。**推进课程教材与教法改革**：拓展教材功能，校企“双元”开发系列特色教材；以学生能力培养为重点，全面推进教学方法改革。**“德技双馨”教学团队建设**：以国家级教学团队为引领，校企共同打造团队提升教科研实践能力；以“拓视野、提内涵”为途径，推进团队双师素质整体提升；以岗位配置和评价机制改革为抓手，激发教学团队活力。**携手名企，共建共享专业群实践教学基地**：提档升级完善功能，建设产教融合型实践教学基地；探索实践基地运营新模式。**打造国际化办学新亮点**：服务“一带一路”，深耕澜湄区域，输出专业群教学资源；依托中德联盟，对接国际标准，引进国际优质课程资源；扩大境外交流，提质留学研修，拓展师生国际视野；培养双语授课能力，开展国际学生教育，打造“留学江苏”品牌。

»»» 3. 浙江经济职业技术学院的物流管理专业群

3.1 建设基础

物流管理专业群的优势特色。本专业群含物流管理、电子商务、报关与国际货运、物联网应用技术、金融管理专业。优势特色有：主持教育部物流工程技术、电子商务专业教学标准制定。拥有一批享誉业界的领军师资，有全国物流行指委副主任 1 名、报关和电子商务委员 2 名，分委会主任 3 名，教育部高职专业目录修订专家 1 名；物流团队获全国职教先进单位。拥有"央财"支持实训基地项目 2 个，为 12 所高校提供共享服务。生产性实训基地和双师培训基地入选教育部行动计划认定项目。与世界 500 强物产中大集团共建供应链产业学院和供应链集成服务创新与应用中心。依托浙江物产中大集团建立紧密的校企合作关系，完善以"浙江物产——浙经院物流产业学院"为实现途径的系统化综合实践人才培养模式和校企合作长效机制。已建成国家示范基地等 20 个实训室和实训基地。实训基地面积达 9800 平方米。

该专业现有专业专任教师 66 人，教授 11 人，博士 8 人，其中高级职称占 62.1%，双师教师占 90.9%，专业核心课程教学团队为浙江省级教学团队，2014 年物流技术学院获得全国职业教育先进单位称号，并获国家技能竞赛三等奖。聘任行业企业专家 124 人担任兼职教师。

建设背景。当地先后发布的相关文件，显示了供应链管理上升为国家战略，将加快培养多层次供应链人才作为推进供应链发展的重要支撑。根据国家供应链进一步完善产业供应链体系，培养符合供应链集成服务发展的高技能型人才，已成为时代赋予高职院校的战略命题。长三角地区目前开设采购与供应管理专业的院校仅 2 所，已毕业学生的就业情况良好。但这些高校均不能培养供应链管理方面的专业人才，更不能满足区域经济发展对供应链集成服务人才的需求。浙江提出建设全国领先的电商、智慧物流、物联网等产业中心，为专业群发展提供良好机遇。随着智能化时代的到来，对物流供应链复合型技术技能人才培养、技术服务、师资等提出新要求新挑战。

3.2 组群逻辑

专业群与产业链的对应性。本专业群紧跟以物产中大集团（世界 500 强）为引领的生产资料流通业向供应链集成服务产业的转型升级，围绕客户个性化需求，集成供应链物流、商流、资金流、信息流等资源与功能，提供集成化、智能化和场景化的价值服务。专业群中，物流管理、报关与国际货运对应（国际）物流岗位群，电子商务对应商流岗位群，金融管理对应供应链金融岗位群，物联网应用技术对应供应链信息技术服务岗位群（如图 2-1 所示），为供应链集成服务产业提供全覆盖的人才培养解决方案。

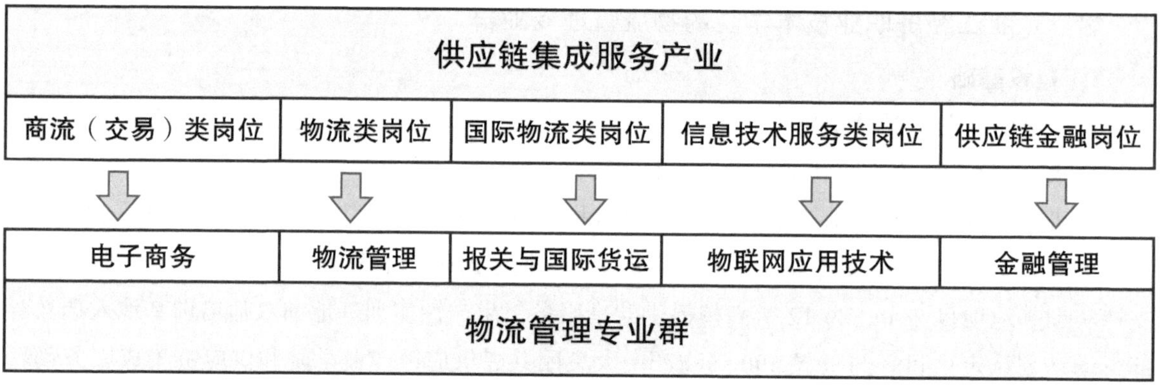

图 2-1 专业群内专业与产业岗位群对应关系

专业群人才培养定位。按照“专能精、通能强、素质高”的目标，培养具备供应链思维，掌握供应链集成服务方案设计、方案实施、商务数据分析等专业群通用能力，具有三维素养（思想品德、文化素养、职业素养），具备供应链商流、物流、信息流、资金流各专业特有的职业综合能力，培养面向智能商务背景下供应链集成服务产业的复合型高技能创新人才。

群内专业的逻辑性。在以商流为先导、以物流为核心、以信息流为支撑、以资金流为保障的供应链集成服务领域，“四流”互融共生，形成互为依存的生态圈。物流管理专业面向供应链集成服务产业，提供物流管理的规划、组织、配送、仓储等管理服务；电子商务专业面向供应链提供营销、信息等交易服务，金融管理专业面向供应链提供融资管理、风险控制等金融服务；物联网应用技术专业面向供应链提供智能感知、控制、大数据挖掘分析等信息服务；报关与国际货运专业将全供应链集成服务延伸到国际领域，提供国际货运代理、报关报检等国际物流服务。在供应链集成服务产业链上的职业岗位高度关联，为构建以物流管理为核心的专业群提供了组群逻辑依据，即以物流管理专业为核心，报关与国际货运为物流具体应用场景，金融管理、电子商务和物联网应用技术为物流提供驱动力的“一核一景三力”的物流管理专业群（供应链集成服务专业群）。各专业在人才培养过程中，能实现课程资源、师资、实训基地、合作企业等方面的共建共用、优势互补和资源共享。

3.3 建设总目标

到 2022 年，围绕供应链集成服务产业转型升级，构建专业群发展机制，建成一整套可供推广的制度和标准体系，建成国内一流、国际有影响力的高水平专业群。到 2035 年，建成国际先进水平的物流管理专业群，标准和模式引领“一带一路”国家，为中国从物流与供应链大国迈向强国提供人力资源支撑。

3.4 建设内容与举措

创新“三三三”（三段能力递增、三大实践赋能、三维素养目标）系统化综合实践人才培养模式，打造智慧供应链人才培养高地；依托行业龙头企业，构建专业群发展机制和质量监控体系；创新“三三三”系统化综合实践的人才培养模式，培养专能精、能力强和素质高的复合型技能人才；

针对生源多样化，实行分类培养和弹性学制；强化创新创业教育，构建"134"创新创业教育体系；立德树人，构建"全方位、多层次"的素质教育体系。构建书证融通的课程体系，打造系统化、数字化、国际化教学资源：校企合作设计物流管理专业群课程体系；开发引领性共享教材资源，推进线上线下混合式教学模式改革；成立物流专业群教材审核委员会；引育并举，打造国际视野、专兼结合、结构合理的创新型团队，专业群模块化教学相适应的结构化、双师创新型团队建设；实施专业带头人提升计划；实施教学名师（技术技能大师）引育计划；实施青年骨干教师发展计划。对接供应链产业前沿，共建校企"四流一体"的实践教学基地：以"真仿结合"建设为内容，提升实践基地内涵；打造校企共建产教融合实训基地；基于人工智能、物联网技术，建设"四流一体"的校内实践教学共享基地。创新产教融合机制，搭建"一室五中心"的技术技能创新平台：技术技能积累功能建设；产教融合功能建设；技术创新功能建设。推动点线面全方位发力，提升社会服务能力：聚焦技术研发，推动中小微企业转型升级服务；制定供应链培训与职工发展等标准，服务产业人才培训；提供竞赛承办与实践教学共享等服务，扩大社会影响力。响应"一带一路"倡议，开展互融互通国际交流合作：依托物流发达国家行业协会，促进与国际企业合作；推出国际化教学资源，参与制定国际课程标准；加强国际职教双向交流，促进人才培养的国际化；开展国际文化交流，传播中华优秀传统文化。瞄准绩效考核目标，完善多元、协同、高效的可持续发展保障机制：组织、机制及经费保障；专业群自我诊断与改进。

》》》4. 海南经贸职业技术学院的国际经济与贸易专业群

4.1 专业群建设基础

该专业群是由国际经济与贸易、报关与国际货运、物流管理、电子商务和金融管理等专业组成的，是海南高职院校中创办最早、办学实力最强、办学底蕴最深、办学规模最大、人才培养成绩最突出、社会服务成效最明显的专业群，其中物流管理、金融管理专业分别是海南省首批由"央财"和"省财"支持建设并通过验收获得良好评价等级的骨干专业。专业群内教师拥有教授 11 名、副教授 32 名、博士 3 名；在校生人数 1557 人（含高本联合培养的"4+0"项目学生 360 人）；校内专业教学实训室近 20 间，校外实践基地多家。近 5 年来，专业群教师主持省、部级课题 47 项，编写教材及专著 28 项；各专业学生在省级、国家级各类技能大赛、创新创业等大赛中获得共 70 项奖励。

4.2 组群逻辑

根据国际贸易产业链岗位群组群。国际经济与贸易活动是商流、物流、信息流与资金流的完整结合。以跨境贸易为主线，以进出口业务操作、通关服务、智慧物流、跨境电商和金融服务等岗位群共同支撑国际贸易产业的发展。为保证"商贸融通、物畅其流"，本专业群聚集群内五大专业，进行国际商贸人才培养供给侧的系统化再造，对接以上主要岗位群的人才需求，为国际贸易产业提供更强有力的技术技能人才和技术服务支撑。

根据岗位群人才需求确定培养定位。海南建设自贸区（港），国际贸易的范围、类型、形式以及规则都在发生巨大变革。面对新变化，企业需要知识更全面、能力更综合的国际商贸人才，为之提供更便捷、更高效、更节省的专业服务。基于此，本专业群瞄准国际贸易产业链的商流、物流、信息流与资金流四大类主要岗位群，培养具有“产业思维、行业视野、专业能力”的国际化、复合型国际商贸人才。

群内专业分工合作、共同服务产业链。国际经济与贸易专业群围绕国际商贸活动主线，将群内专业教育教学资源加以整合和优化，实现分工合作，共建共享和特色发展，共同服务于现代服务业的国际贸易产业链，发挥专业群的整体实力的同时，提高了优质教育资源的共享率和使用效率，以更强的人才培养和行业服务能力，支撑国际贸易产业的发展。专业群中各专业基础相通，服务面向产业链中的相关核心工作领域，如进出口业务操作、高效通关服务、金融服务、信息支持、智慧物流服务等；以群共享核心课程（如：贸易实务、单证实务等）为纽带，通过集聚、共享、创新，实现群内专业集约、协同发展，以期为国际贸易产业链提供更全面的国际化、复合型的国际商贸人才供给和行业服务供给，切实增强支撑国家战略和支柱产业的能力。

4.3 建设目标

通过建设，专业群将面向现代服务业，密切对接其中国际贸易产业链的人才需求，做全国同类专业群的先行先试者和改革引领者，成功打造了国际商贸技术技能人才培养高地：培养、培训大量熟悉海南自贸区（港）贸易新规则和新流程的国际化、复合型国际商贸人才；为提升海南自贸区（港）企业的贸易效率、提高贸易便利化程度和降低经营成本，为海南经济注入新活力、促进新发展作出更大的贡献。

4.4 建设内容与举措

构建“多维协同、阶梯递进”的人才培养模式。启动“1+X”证书试点，培养复合型人才。开发建设共享性培养培训课程教学资源；开发活页式教材，推动信息化、情景式教学改革。打造“专兼结合、境内外结合”的创新团队。建设综合性、共享型实践教学基地：整合、改造现有分散的校内实训室，建成基于云平台的校内综合实践基地；依托美兰国际机场，新建临空经济区综合实践基地；依托洋浦港，新建港航经济区综合实践基地。创建产学研训一体化技术技能平台：新建国际商贸产教园；升级组建国际商贸职教集团；扩展海南自由贸易区（港）研究中心的功能。提升自基础技能培训到高端智库服务的全面社会服务效益：利用国际化的高水平师资资源，为政府和企业提供高质量智库服务；利用专业群团队的研究成果，为海南各界民众提供自贸区（港）知识普及及应用推广；利用产教园条件，为涉外企业职工能力提升、退役军人再就业和社会富余劳动力提供外贸技能培训；助力乡村振兴，为农村青年接受专业学历教育提供充分的机会；落实精准扶贫，为“建档立卡”户提供物流和电商基础操作技能培训。增进课程资源引进和师生培养的国际交流与合作：借鉴、引进国际化教学资源；充实师资队伍；提升教师国际化水平；加大与国外学校合作办学力度；培养国外留学生。完善专业群的管理制度和机制以强力保障专业群可持续发展。

》》》5. 陕西职业技术学院物联网应用技术专业群

5.1 专业群建设基础

专业群所在的电子信息工程学院是学校与珠海世纪鼎利科技股份有限公司深度校企合作的具有混合所有制特征的二级学院。合作企业为专业群专业建设投入3500万人民币的现金，用于电子信息工程学院（鼎利学院）的教学环境、实训基地建设，用于支持学院的实践教学和创新创业孵化；赠送了价值500万人民币的产业设备，在物联网、大数据、移动通信及软件开发等产业领域进行合作。建设SMT表面贴装技术生产性实训基地、物联网和大数据生产性实训中心、"互联网+"生产性实训中心等多个真正具备生产能力的实训基地。专业群中所有专业与产业结合紧密，具有校企合作、产教深度结合的优势。在校企双方的共同投入和管理下，形成了服务于物联网产业链，特色鲜明的专业技术技能人才培养高地。

5.2 组群逻辑

专业群与产业链的对应性。物联网应用技术专业群，以物联网应用技术专业为纽带和特色，结合世纪鼎利的优势产业和陕西职业技术学院培养现代服务业特色技术技能人才的定位，针对原计算机应用技术专业和软件技术专业行业特色、产业链对应不明确等问题，专业群中的专业对接平台服务、系统及软件开发、智能硬件制造、系统集成及应用服务几个环节对人才的需求，确定了从硬件生产到软件服务再到系统集成的人才培养定位，组建物联网应用技术专业群，共享信息技术软硬件知识、文献、课程资源、师资、实训基地等，使创新资源和要素有效汇聚，协同发展。专业群主要对接物联网产业链中的平台服务、硬件生产、软件服务及系统集成几个模块，计算机应用技术专业对应物联网产业中的平台服务和硬件生产，为服务平台的嵌入式设备、智能硬件中板卡的自动化生产、装配调试等提供技术和人才支持，软件技术专业为服务平台及软件服务中的Web前端技术、移动互联网软件开发、软件平台等提供支撑，物联网应用技术专业全面为软硬件系统集成及应用服务提供技术和人才支持。

专业群人才培养定位。专业群面向物联网产业链，对接职业岗位群，以合作企业行业背景为支撑，对应各个岗位的人才需求，基于实际的生产工作流程，确定群中各个专业的人才培养定位。物联网应用技术专业群对应物联网技术产业链中硬件生产的表面贴装技术岗位，智能硬件装配、调试岗位，以及软件服务中的Web前端开发、移动互联网软件开发岗位、平台维护岗位，以及系统集成岗位。群内各个专业既有岗位针对性，又有相同的学科背景和行业领域，既能相互支撑又能优势互补，协同发展。对于计算机应用技术和软件技术专业，明确了服务于物联网产业链的人才培养方向，使得原来相对通用的人才定位，有了行业的背景和产业的支撑。物联网应用技术专业是物联网领域在高职院校唯一的专业，专注于产业链中的系统集成与应用服务，与计算机应用技术、软件技术专业共同打造专业群，使三个专业都有了特色鲜明的专业方向，结合合作企业产业背景的强力支撑，行业优势明显。

专业群结构的关系。专业群具有相同的专业大类，相互支撑，优势互补。专业群中三个专业都属于电子信息大类，在电子信息工程学院校企合作的大背景下，基于相同的专业背景、相通的专业基础、相近的技术领域、相关的就业岗位，可以充分实现教学资源的共享并且实现协同发展，三个专业相互支撑、相互补充，充分体现了专业群的集聚性，实现了人才培养供给侧和产业需求侧结构要素的全方位融合。群内专业形成了硬件生产—软件服务—平台搭建—系统集成—应用服务—系统维护等岗位群。覆盖了物联网产业链的主要工作环节。随着物联网技术的不断发展，专业群也将不断调整，在建设过程中将融入大数据、人工智能、通信技术、网络技术等岗位群，通过三年的建设形成覆盖物联网全产业链的专业群。

5.3 建设目标

以混合所有制特征的校企合作为抓手，在学院党委的领导下，探索机制体制的改革，对接物联网产业链中的优势环节，专业建设支撑物联网硬件生产、软件服务、系统集成岗位群，引入企业管理模式，深化绩效考核机制，建设产教融合的生产性实践基地，搭建技术技能创新平台，形成产教融合的校企命运共同体，培养服务于地方物联网行业的技能人才，助力地方物联网产业技术革新和转型升级。

5.4 建设内容与举措

创新机制引领人才培养模式改革，建设技术技能人才培养基地：落实立德树人的根本任务，创新机制体制；对接产业链,强化集团化办学,创新人才培养模式；推行“1+X”证书试点,建设“学分银行”。**对应产业链岗位群优化课程体系，创建产业项目化教学资源库：**依托产业链，引入产业项目，开发课程教学案例，优化专业群课程体系；对接岗位群，结合国际标准、职业资格标准，优化课程标准，推进教学资源、教学资源库及平台建设。**专业群职业岗位标准匹配产业链，改革教材、教法和评价：**面向企业真实生产环境，匹配产业链，建设混合所有制特征的教材；对接项目化教学，创新虚实结合教学模式，构建多元化评价体系。**混合所有制贯穿于校企深度融合过程，培养大师级国际化师资团队：**加强“师德师风建设”，打造混合所有制特征的“四有”教师团队；依托物联网产业链，发挥合作企业优势，培养 3 名大师级、国际一流专业带头人；依托物联网领军企业，着力打造“双师型”师资团队；发挥混合所有制特征，充分利用信息化平台，建立健全管理机制体制。**培育产业技术项目，创建高水平生产性教学基地：**物联网解决方案感知中心的建设；物联网软件平台研发中心的建设；物联网 RFID 及“智能标签”生产制造中心的建设；物联网集成项目操作中心的建设。**“产学研培”创新理念引领带动，构建“四位一体”创新平台：**产（以企业产业项目为引导,构建校企深度融合的生产性技术技能平台）；学（立足技能人才培养，构建校企深度融合的实践性技术技能平台）；研（发挥企业高端技能人才的带动引领作用，构建校企深度融合的标准性技术技能平台）；培（打造物联网行业技能人才培训基地，构建校企深度融合的服务性技术技能平台）。**混合所有制搭建国内外共享桥梁，促进国际交流带动国际合作：**利用合作企业国际项目，打造国际合作与交流新模式；国内外校企人才双向流动，挂职培训提升国际影响力；通过国际项目交流、项目服务、项目合作，实现资源共享。

二 内部质量保证体系建设实践

》》》1. 概况

从 2004 年开始正式启动高职高专院校的第一轮评估，这是借鉴了本科教学工作水平评估的经验，虽然没有体现职业教育特点，但还是取得了一定的成效。2008 年开始高职教育的第二轮评估。2015 年，高职院校教学诊改工作在全国范围内正式启动。

随后教育部下发了一系列的诊改指导方案文件，并确定了 27 所高职院校开展诊改试点工作。据报道，目前已有 32 个省级教育部门出台了地方高职院校内部质量保证体系诊改方案。全国诊改专委会分批公布了 27 所试点院校的诊改工作的实施方案，以“五纵五横一平台”（即学校、专业、课程、师资、学生各个环节各方面）为代表性的实施方案。

2019 年，由各类高校负责内部质量保障工作的职能部门，以及相关学术组织和专业机构自愿加入组成的全国高校质量保障机构联盟的成立，这在我国高等教育发展史上具有重要意义。这个组织属于学术型和互助型的社会团体，有力推进高校内部质量保证体系及督导、评估、监测工作水平的提升。

在广西方面，教育厅成立了自治区教育质量监测中心，其职责主要包括：组织开展教育质量监测工作；参与制定教育质量监测标准及指标体系；分析处理监测数据，研制监测报告；开展教育监测理论研究、学术交流、咨询服务和培训等。并由 114 名专家组成了广西职业院校内部质量保证体系诊改专家委员会。印发的诊改实施方案为广西高等职业院校开展诊改工作提供了指导性文件，以推动职业院校专业建设和调整自律机制为目标，探索建立专业定期评估制度。持续推进《广西职业院校管理水平提升行动计划（2016—2020 年）》，开展职业院校管理突出问题专项督查行动。

目前，各高等职业院校按照相关文件要求，结合自身实际与发展规划，积极探索和努力构建学校内部质量保证体系。据报道，目前在广西接受诊改专项督导的 150 所高职院校中，90% 的学校初步建成了内部质量保证体系，77% 的学校运行了诊改体系。教育厅按照统筹兼顾、全面覆盖的原则，从已启动诊改工作的学校中采用分层抽样方式随机抽取进行复核，自治区随机确定复核学校。经过几年的探索与实践，各高职院校的内部质量保证建设取得了阶段性成绩：2020 年度，区内的 6 所高职院校获得全国职业院校教学工作诊改制度建设优秀案例。按自治区级诊改实施方案要求，继续开展抽样复核工作，就复核结果反馈各校，并有针对性地开展下一阶段工作。搭建了广西高职院校诊改工作网站，建立了专委会 QQ 群和微信群、高职诊改 QQ 群和微信群、中职诊改 QQ 群和微信群，这为全区诊改交流指导和分享学习提供了即时交流平台。

》》》2. 内部质量保证体系建设存在的主要问题及分析

2.1 存在的主要问题

一是未能重视学生是内部质量保证主体。许多高校在质量保证体系建设中更多侧重于师资队伍，而以学生为中心的教育理念尚未形成普遍认识，忽略了学生是内部质量保证的关键主体作用。高职教育的大众化，面对不同生源类型、不同能力素质和不同文化基础的学生，以学生为中心的教学改革，使学生全面健康成长，是各个高职院校需要解决的关键问题。

二是内部质量标准不明确，内容针对性不强。教育质量标准不明是影响我国高职院校内部教育质量保证活动的关键因素，建立高校内部教育质量保证体系首先要有明确的质量标准，如果质量标准不清晰，内部质量保证体系的建设就会缺乏清晰的目标指引。而缺乏目标指引，高校内部质量保证体系设计就会缺少针对性，降低质量保证实效。比如条件保证系统的投入、管理制度不从学校自身人才培养的需要出发，而是为了迎合外部评估的需要，大同小异千篇一律模仿，缺乏针对性；而质控点的选择也未能抓住教育质量的关键问题，质量问题的持续诊改难以真正达到实效。

三是内部质量保证信息平台内涵建设滞后，监控系统不健全。信息化是内部质量保证体系建设的基础，信息化可以使学校管理降低管理风险，使诊改目标、标准、规范及工作流程显性化，从而使各项工作有序化、规范化。然而，面对内部质量保证信息建设，首先要解决的就是业务子系统的运行，如果标准不统一，子系统间无法对接，信息化资源难以整合，将成为数据孤岛，对质量保证工作的支持有限，难以满足内部质量保证体系建设工作要求。

四是质量评价主体与分析手段较为单一。目前高职院校内部质量评价主体主要是学校的管理者，往往忽略了“教师”与“学生”的主体参与，评价指标过于注重量化评价，同时也缺乏行业企业等用人单位、社会公众以及第三方专家的评价，评价主观性强，评价过程与结果有失客观与公正。质量分析手段较为单一，未能将现代信息化科学地引入到评价过程与方式中，评价方式过于滞后，这样不仅可能存在人为误差且效率低下，这些弊端还有可能影响评价的结果与结论的客观公正，甚至导致结果与结论大相径庭，很大程度影响了教学质量评价的效率与效果，从而使评价的客观性未能充分得以保障。

五是诊改工作方案特色不足。当前，高职院校的诊改工作是教育部自上而下推进的，有些院校开展诊改工作缺乏主动性，未能明确要做什么，为何做，如何做，有较大的盲从性，未能对诊改工作进行实践调研与分析，而是出于应付心态为完成任务进行诊改工作，照葫芦画瓢照搬其他院校的方案，造成诊改方案缺乏特色甚至是脱离实际，诊改效果可想而知。

2.2 存在问题的原因分析

一是办学自主权未能充分体现。办学自主权未能充分体现，使高职教育可能出现以下局限：形成政府主导的教育质量评估体制，使评估存在主体单一的情况；长期的被动应付外部检查，同质化严重，而疲于对教育教学质量保证的相关规律的探索，使高职院校质量保证体系的实效未能充分发挥。

二是高职院校内外部质量保证体系未能科学合理地结合。内部质量保证体系是根本，外部质量保证体系具有外部性和非常态性，只有通过内部质量保证体系才能很好地发挥作用，它是服务于内部保证体系的，只有二者科学合理地结合才能释放最大的能量。目前有些学校认识不到内部质量保证体系建设的主体地位，使内部质量保证标准外部化，严重脱离学校的现实情况，缺乏学校特色。

三是行政管理与学术管理缺少必要的分离。目前我国高职院校尚未真正建立起现代大学制度，学术决策机制不完善，行政权力凌驾于学术权力之上仍然存在，使评估主体单一，缺乏其他重要质量保证主体的真实反馈，质量监控过程中的问题难以被挖出来。

四是评价与反馈机制不完善。由于问题到改进的机制不畅，缺乏一个全面客观的动态的质量评价与反馈机制，使得诊改工作受限。

2.3 国内外实践经验启示

一 内部质量保证体系建设经验启示

》》》1. 明确质量保证的目标

首先要明确保什么？以学生为中心理念下的质量保证的目标，保的是对学生培养的质量。学生是教育质量的体验者和受益者，要把学生作为关注的核心群体，发挥学生在质量保证活动中的主体作用，重视学生的参与，尊重学生提出的建议、意见与诉求。因此，质量保证的目标是学生的学习效果、体验以及对学习和对学校的满意度，以及毕业生的质量与就业率，以提升学生质量、改进学生学习。

》》》2. 建立健全内部质量保证体系有效运行的保障机制

一是协调机制。建立委员会是跨部门协调的有效手段，根据内部质量保证的流程划分的若干个区域和类型，成立相应的责任单位来协调不同部门和人员之间的行动，以推进内部质量保证体系有效运行。

二是多元主体评价与反馈机制。根据利益相关者的关系，主要解决的应该是由谁来评估内部质量保证体系设计和实施是否达到标准的问题。充分利用多元化的评价主体，学校职能部门、教师、学生、用人单位、独立的第三方评价机构以及毕业生和家长对教育教学进行全方位、多角度评价和反馈，以保证教学质量评价的客观公正与合理性。这是完善职业教育质量保证体系的重要手段。

》》》3. 构建可操作性强的职业教育质量标准

职业教育质量保证的关键一环在于质量评价。首先，要制定具有我国特色的高职教育质量的学术标准，维持高职教育学术质量。其次，要制定高职教育教学标准，根据以学生为中心原则，开发一套可操作的、衡量学生学习成效的观测、评价指标体系与标准体系。

》》》4. 科学设计内部质量保证的流程

质量保证行动是一个系统的、复杂的体系，首先要把这些行动的过程与环节一一梳理，科学分析相互之间的联系以及先后顺序，确保质量保证工作有序开展。如从学校、院系、专业和课程、教师和学生等层面来分别规定具体的流程。

》》》5. 扶植与支持教育评估第三方质量保障机构的发展

从发达国家高等教育质量保证组织架构来看，独立性的第三方专业机构是质量保证的重要力量，有效地减少了政府直接介入的同时，在很大程度上还能确保高等教育质量保证的公正与公平，进而推动高等教育管理的科学化，达到教育高质量的效果。我国也应扶植、支持与培育具有独立性质的第三方社会机构，通过相关法规来确保其权利与义务，以承担职业标准制定、职业技能鉴定等教育质量保障类事务，发挥外部第三方评价功能。

》》》6. 重视利益相关者共同参与

教育质量保障主体多元化与教育评价的主体多元化。高职院校的内部质量保证体系应倡导全员参与质量保障建设，重视利益相关方，如学校、教师、学生及家长、政府行政主管部门、行业企业等用人单位的诉求与参与度，要逐步建立起由学校、政府、社会以及第三方评价机构等共同组成的相互配合的多元保证主体与教育质量评价主体。

》》》7. 重视学校内部质量文化的培育

教育质量要上升到精神层面，即质量文化。构建内部质量保证体系，必须要融合学校历史文化、校训、校风学风等树立现代教育质量观，确保渗透到学校全员以及其他利益相关方，以帮助其充分理解，并积极参与到内部质量保证建设中。

》》》8. 将教育质量评价结果纳入绩效考核

为了切实实现以教育质量评价结果提升高职院校办学质量的目的，在科学合理制定的评价标准与体系的前提下，建立健全权威的独立性强的第三方评价，以确保评价的公平与公正，并推进评价结果与绩效拨款挂钩。

二 专业群建设经验启示

从国内外经验来看，要保障职业教育的规模、层次及人才培养规格与区域经济发展对接，除了要充分发挥政府在制度层面和战略等宏观层面的管控与引导作用，同时也要充分发挥学校的主体作用，将专业群建设提升到地区经济与社会发展的高度。

》》》1. 政府层面

一是做好总体规划使职业教育更好服务区域经济发展。政府要切实履行职责，要把职业教育纳入区域经济发展规划中，使职业教育规模、学历层次及专业设置与区域经济发展需求相协调相匹配。根据区域经济社会发展和产业布局，统筹专业集群建设，逐步建立起高职院校以就业为导向的专业设置与调整运行新机制。

二是加强政府引导作用，建立健全校企共建教育集团化发展机制。校企合作的职业教育集团建设为职业教育集群式发展带来更多机遇，是专业群建设的重要举措。建立健全相关机制，强化政府引导作用，推动市场运作和社会资源的整合，激发行业企业参与职业教育发展的积极性，对接其主导产业的相关专业，从而推动专业群的建设，形成规模化的职业教育服务平台。

三是健全政策制度，促进中高职一体化发展。中高职一体化发展需要政策制度的支持，建立健全更加灵活有效的办学机制是推动中高职一体化教育体系发展的前提。

》》》2. 学校层面

一是建立健全专业群管理机制。按照专业群建设的特点和规律，应从上至下建立健全专业群的管理机制，重点强化"群"的核心地位，以发挥专业集群的最大效应。首先是建立健全专业群建设组织管理制度。二是完善专业群建设年度报告、中期监督检查与验收管理机制。三是完善专业群建设经费管控制度，使有限的经费发挥最大效果，专业群建设经费必须用于围绕专业群建设内容所产生的费用，如专业群的教改、学术交流、设备资料、课程建设、教研的咨询费用、劳务费、奖励等。

二是搭建产学研用平台，促进专业群的内涵建设。搭建产学研用平台，探索产教融合运行机制，推动专业群中各专业人才培养模式改革，使专业群的建设主动适应区域经济发展需要，实现与产业发展协调互动，强化专业群的内涵建设，促进专业群建设总体质量的提升，使职业教育从服务产业向提升产业和引领产业延伸发展，为增强区域产业核心竞争力提供支撑。

三是将立德树人、工匠精神融入专业群建设当中。强化专业课程思政力度，专业教师要充分挖掘思政资源，将立德树人、工匠精神潜移默化地渗透专业课堂当中，在培养学生专业技能的同时，有效提升德育、工匠精神的教育效果，引导学生树立正确的人生观、价值观和世界观。推动落实立德树人根本任务。

四是创新课程模式。一方面是要形成整体的群集课程模式。在技能培养方面注重由单一专业的“点”向职业、岗位综合能力的“面”升级，使学生的技能由单一的“点”向多维的“面”得以拓展。另一方面要注重校本课程的开发。其价值表现在：一是强化了“以学生为中心”这一教育观念，校本课程为学生而存在，促进学生个性的发展，给学生留下更大的发展空间；二是促进教师知识结构拓展以及教学科研能力的提高；三是有效促进学校专业特色的形成。

五是探索适合专业群建设的“无界化”教学。“无界化”本质是把教学资源的合理运用作为纽带，搭建各专业、各课程之间的教学交流与合作的路径，这与专业群建设目的相契合。

六是完善学校内部质量保证与评价体系。高职院校内部质量保证体系的最终目的是提高人才培养的质量。而体系是否运行、运行是否有效，是否能达成预期目标，则是由评价体系来完成，这样才能推动专业诊改工作，从而确保学校高质量发展。因此，只有建立健全学校内部质量保证与评价体系，才能为最终的人才培养的质量提高保驾护航。

七是加强专业群建设中的校企文化融合。与相关产业链产业集群协同发展是专业群主要特征。产业链产业集群中的不同企业有不同的文化，实现校企文化的融通，有利于提高专业群内各专业的学生对企业和岗位的了解与认同，这样才会推动专业群建设更契合区域经济发展需要。

第三章

质量保证体系模型与标准

3.1 质量保证体系理念与模型

一 "SPADE"模型构建的理念

职业教育是一种类型教育，它的重要特征或者称之为重要属性要从它的职业性来考量，也就是说，职业教育必须紧紧围绕其职业特性来开展，这应当是其与普通教育最大的不同之处，培养技术技能人才是职业教育的重要任务，这些人才要服务于国家战略和区域经济的发展。因此，要构建科学合理的模型来引领和指导高职院校内部质量保证体系诊断与改进工作的有效开展，就要充分考虑学生成长成才的需求，将人才培养目标作为核心要素考量，同时，还应当围绕高职院校办学定位及其人才培养目标来建立目标链与标准链。作为以商科专业为主的高等职业学校，广西国际商务职业技术学院始终坚持以学生为中心，以学校为主体，以专业为载体，以课程谋质量，以教师谋发展，牢牢把握以"学生中心，目标导向，持续改进"的理念，构建推动新商科人才培养高质量发展的"SPADE"模型。

》》》1. 以学生为中心

"以学生为中心"，在教育界已经被普遍接受，这一思想是美国人本主义心理学家罗杰斯（Carl Ranson Rogers）首次提出的，这一思想一经提出，很快就受到各界的关注，在教育学领域的影响很大，并有不少学者将这一思想不断向纵深拓展。在 20 世纪 90 年代，西方学者麦克姆斯（Mc Combs，B.L.）与惠斯勒（Whisler，J.S.）广泛而深入地研究了这一教育概念，提出应从两个层面准确把握"以学生为中心"的丰富内涵，一个层面是必须充分认识到学生是独立的个体，每个学生都有着各自鲜明的个性特征，另一个层面则是要注重学生的学习。人本主义教育理念，主张在教学过程中重视学生个性特性和学习需求，在早期教育教学改革实践中意义非凡，影响深远。教育改革实践领域的成功，引发了联合国教科文组织和各国教育管理单位的反思和重视。1998 年，联合国教科文组织在《二十一世纪的高等教育：展望和行动世界宣言》中，充分肯定了"以学生为中心"的教育理念，明确提出高等教育必须确立"以学生为中心"这一全新的视角与模式，各个国家高等教育的决策者务必关注学生本身与学生的需要。

中国是联合国教科文组织的创始国之一，因此，国内学者一直关注着当时在世界上广泛推广的“以学生为中心”教育理念的发展。20世纪90年代后期，这一理念在我国逐渐开始受到普遍的关注与重视。而且，当时的研究也大多倾向于中小学教育，在高等教育方面的研究还要更晚。事实上，“以学生为中心”体现着教育应以接受教育的主体为出发点和落脚点，这与“人的全面的发展”理论显然是高度一致的。马克思对人的发展做了全面而深入地分析，明确指出人以一种全面的方式生存及不断追求发展，换言之，作为一个完整的人，人的发展应该占有自己的全面的本质。站在新的历史起点上，习近平总书记对人的发展也做过深入阐述，在习近平总书记看来，人，本质上就是文化的人，而不是“物化”的人；是能动的、全面的人，而不是僵化的、“单向度”的人。所有这些论述，都为推动人的全面发展提供了科学理论指导。随着社会时代的发展，两种理论互相借鉴、互相融合，在新的时代背景下，焕发出了新的生命。“以学生为中心”的理念在《国家中长期教育改革和发展规划纲要（2010—2020年）》得到了充分的体现，并重点强调，教育要关心每位学生，要充分调动每位学生的积极性和主动性，使学生的发展在生动活泼中实现，同时，要从教育规律和学生身心发展规律出发，认真研究学生的学习成长特性，为每位学生提供适合的教育。

一个国家的人才培养质量的优良与否是评定该国家的高等教育水平的首要指标，换言之，一个国家高等教育的质量能否提升取决于该国家人才培养的质量的高低；而人才培养的质量关键在于高等教育是否坚持“以学生为中心”的教育理念。要高质量地发展中国高等教育，就必须牢牢把握和坚持“以学生为中心”的教育理念。

》》》2. 目标导向

目标导向（Goal Orientation）是管理学领域中的理论，这一理论聚焦于目标实现，指出人的行为是受其动机驱使的。目标导向理论认为，个体进行活动是由动机引起，其持续性也是由动机维持的，正是这种内生动力使人一直朝着一定的方向努力和奋斗；而目标是个体期望在行动中最终会取得的结果和获得的报酬，这从一定程度上被认为是动机性行动的诱因。目标导向理论一直是国内学术界的关注热点，许多学者对其进行了全面而广泛的探究，并普遍认为，个体在进行某项活动时态度是否积极，是受其动机影响的，因此，如果一个人的信念发生改变，就会影响到其行为的评判标准。

目标导向理论同样被教育界热烈关注，并很快被引入到教育学领域中，于是形成了教育目标理论。该理论最早可追溯到西方学者斯宾塞，由于教师的“教”和学生的“学”存在一定的对接差异，尤其在预期目标上常常存在着不协调与不同步的矛盾，为了有效处理这一矛盾，他提出了教育规划目标论。随后，赫尔巴特在课程层面对这一理论进行了研究，论证了在课程中教育目标引导教学行为的重要性。学者泰勒也对教育目标理论进行了深入研究，并在大量实证的基础上提出了课程开发的四个关键性问题，首先，学校要明确其教育目标是什么？其次，学校为了达到这些目标而应为学生提供哪些教育服务？再次，如何有效组织这些教育活动？最后，要有明确的方法来衡量这些目标是否已经实现？此后，在深入研究这些问题的基础上，又提出了著名的泰勒模式，即“目标确定—内容组织— 教材选择—结果评价”。泰勒的教育目标理论被课程论广泛接受，在实践中，惠勒对其模式进行了改进，将泰勒的“直线式”模式改为“圆周式”模式，即“目标确定—经验选择—经验组织—结果评价—（新一轮）目标确定”。教育目标理论作为学校实现“目标导向”的教育学理论基础，为学校实施质量诊断与改进提供了坚实的理论依据，帮助学校各方面事业开展质量始终保持在较高的水平上。

》》》3. 持续改进

持续改进是企业管理方法的一种，指的是企业为了不断提高顾客满意度而采取持续优化其运营过程或服务流程的方法。在实践中，持续改进主要有以下四个步骤，首先是确定改进目标，然后是寻找可能的解决方法，接着是测定实施结果，最后是正式采用，同时，企业还要采取有力措施来激发全员主动参与和实施改进积极性，以确保有效推进改进过程。在持续改进的过程中，借助 PDCA 循环，以保证改进工作的逻辑和顺序。“PDCA 循环”也称为戴明循环，即 P（Plan，计划）、D（Do，执行）、C（Check，检查）、A（Action，行动）的简称。Plan 就是在充分分析企业现状和面临的形势的基础上，确定方针、目的和计划；Do 是指根据企业的资源以及依据信息拟定实施方案，并有序推进各项任务以完成计划内容；Check 是指在实施过程中按照需要定期和不定期检查执行的情况，以及时发现可能存在的影响达成目标的问题；Action 是指对检查发现的问题及时采取措施，推行标准化。通过反思总结经验并吸取失败教训，一些无法及时处理的遗留问题提交下个 PDCA 循环解决，因此，该循环的特征为环环相扣，呈阶梯式上升。引入教育学领域后，学者对戴明循环进行了适应性改造，并提出了教育质量管理的 PDCA 循环理论，即 P—制定教育教学计划、D—开展实施教育教学计划、C—进行教学过程检查、A—实施教学反馈，该循环模型主张计划和目标的制定要有标准，标准的制定要有数据作为支撑，诊断数据则直接反馈于执行过程中，并有利于教学质量的评价与改进，在提高教育教学质量方面发挥了重要作用。

》》》4. 质量文化

20 世纪 80 年代，质量文化（Quality Culture）的概念在美国出现，并很快就被广为关注，如今，质量文化在文化学、管理学等学科都是热点课题，在教育学领域内，质量文化也是热门课题。具体到高职院校而言，质量文化是指高职院校通过长期的积累而自觉形成的一系列观念、规范和习惯的总和，其中主要是指以质量为核心的价值观念、意识形态、思维方式、道德规范、规章制度、法律观念以及行为习惯。简单地说，质量文化是内隐的，悄无声息地影响着全校师生的思想与行为，并在质量目标、质量观念、质量标准和质量行为等方面自觉地规范自身的思想和行动。

在高职院校，随着内部质量保证体系实践的不断发展与深入，质量文化应运而生。人们在教育质量管理过程中逐渐认识到，如果只是使用外部法规约束所保证的环境，那收到的效果仅仅是暂时的，并且是很容易发生改变的，换句话说，就是很难将教育质量管理的理念持久地内化到师生的质量意识中。而质量文化氛围是十分重要的，实践证明，一旦形成良好的质量文化环境，就会在全体师生中出现强烈的感染力和感召力，而且这种强大的力量是一种内在的动力，使全体师生朝向共同的目标和理想努力。因此，要营造教育质量保证环境，就要注重内部文化、注重内在追求以及校园质量文化氛围创设，而不是仅靠外部法规、外在约束以及原来的规则迎合外部评估。

二 “SPADE”模型的构建

》》》1. 构建原则

为了深入推进质量保证体系建设，广西国际商务职业技术学院在长期实践的基础上，构建了“SPADE”模型。“SPADE”模型是在新时代职业教育背景下，针对商科的行业特征与职业教育的类型特征，所构建的院校内部质量保证体系诊改模型，遵循了以下原则：

（1）**目标性原则**。以开展内部质量保证体系发展性评价为主要目标，强化学校、专业、课程、教师、学生内部质量管理，明确质量诊断点，构建质量保证体系。

（2）**系统性原则**。指标体系的构建具有层次性，即包括学校、专业、课程、教师、学生 5 个层面，每个层面又有 5 个方面，自上而下，从宏观到微观，系统科学设立质量诊断点，明确质量指标，且指标之间相互独立，又彼此联系。

（3）**动态性原则**。评价指标体系各项指标的选择有相对稳定性，也可进行调整，即层面、维度和诊断点项目基本保持不变，各诊断指标的具体项目和标准根据不同时期、不同区域等动态变化。

（4）**开放性原则**。在指标体系的固有原则外，留有一定的发挥空间及多样化的理解方式，即可单独设立额外诊断指标参与评价体系，使得评价指标不断拓展外延，充实和完善指标体系。

（5）**操作性原则**。定性定量结合设立评价指标体系，即既有定性的文字材料指标，也有定量数据，指标项目全面，且指标度量和计算方法统一，可借助信息化平台完成。

（6）**针对性原则**。区别于其他院校，商科类院校或学院有着其特殊性，“SPADE”模型专门针对商科类院校特点，构建专属质量保证体系和评价指标。

》》》2. 构建思路

所谓高职院校内部质量保证体系，是指高职院校为了保证其人才培养质量而构建的一系列制度及运行机制，其主要目的就是不断提升教育教学质量。在职业教育体系中，作为办学方，高职院校是质量的主体，保证教学质量的责任是其必须承担的。高职院校通过不断完善学校内部质量保证体系，并且全员、全方位、全过程地不断开展教学工作的“自我诊断与改进”，才能持续提高教学质量和人才培养水平。

在“一切为了学生，为了一切学生，为了学生一切”的教育理念指导下，作为学校工作中心地位的教育教学活动的开展要紧紧围绕课程进行，课程是教学活动的主导，是教学中教师和学生行为存在的依据，决定着教师如何对学生进行辅导以及学生如何开展学习；课程、教师、学生作为教学存在的三要素，互相依存、缺一不可，课程、教师、学生三要素的互相交融，共同决定着教学的质量和效果，对专业人才培养目标的实现起着决定性的作用。因此，科学合理地构建高职院校内部质量保证体系的诊改模型，就应该遵循“以学生为中心，以专业为载体，以学校为办学主体，以课程和教师为两翼”的路径，高职院校内部质量保证体系“SPADE”诊改框架（见图 3–1）正是基于以上逻辑而建构的。

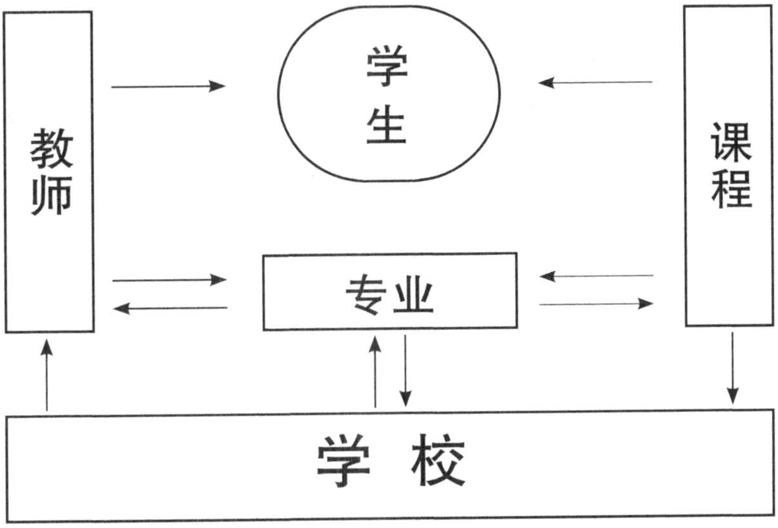

图 3–1 高职院校内部质量保证体系“SPADE”诊改框架

》》》3. 模型构建

“SPADE”模型是由广西国际商务职业技术学院构建的内部质量保证体系模型，“SPADE”一词取自诊改模型中“学校发展五重、专业建设五力、课程建设五度、教师发展五特、学生成长五到”这五个诊改层面核心词“重（Emphasize）、力（Power）、度（Dimension）、特（Special）、到（Achievement）”的英文单词首写字母的组合，每个层面包含五个维度，共设立了 100 余个诊断点。其中，学校发展五重是指重规划、重体系、重制度、重考核、重保障；专业建设五力是指发展潜力、教师魅力、课程保证力、就业竞争力、社会影响力；课程建设五度是指符合度、完整度、满意度、创新度、达成度；教师发展五特是指育人情操特高、教学能力特强、科研能力特优、教师魅力特有、仁爱之心特显；学生成长五到是指知识学到、技能练到、素质达到、情商悟到、胆商独到。其模型结构如下图（图 3–2）所示：

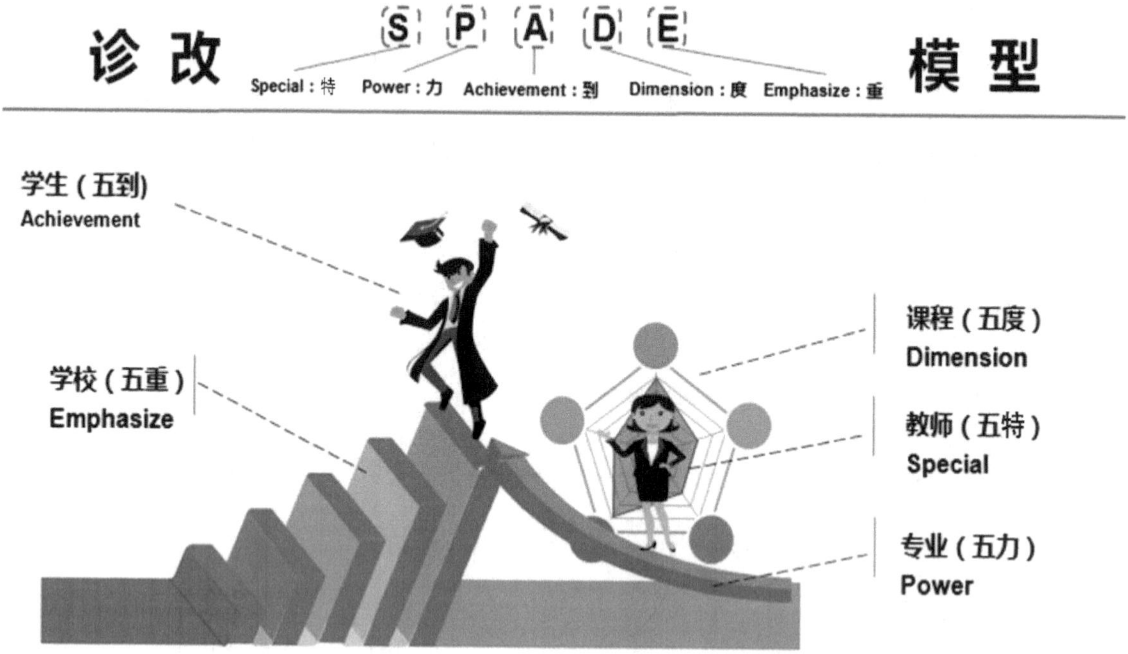

图 3-2 广西国际商务职业技术学院“SPADE”诊改模型

（1）学校发展五重

在学校层面，围绕“建成现代商务特色鲜明的国际化高等职业教育强校”的“十三五”发展目标，构建“学校发展五重”模型，从重规划、重体系、重制度、重考核、重保障五个方面的 21 个诊断点对学校发展能力及人才培养质量进行全面诊改。重规划包括了三个诊断点，分别是学校发展规划、专项规划、部门规划。重体系包括组织体系、规划体系、目标体系、标准体系等四个诊断点。重制度包含党建、行政管理、教育教学、科研管理、师资管理、学生管理、国际交流等七个诊断点。重考核包含过程性考核、结果性考核、发展性考核等三个诊断点。重保障包含组织保障、制度保障、技术保障、经费保障等四个诊断点。

① 在学校重规划方面

规划的作用是为学校整体办学质量与各项事业的建设引领前进方向，是“SPADE”模型开展诊断的重要维度。其中包含有学校“十三五”规划、专项规划、部门发展规划等三个方面，旨在从学校发展宏观视角观测评估学校在一段历史时期内的战略规划是否科学并合理落实；学校各项事业发展是否符合国家发展战略、区域经济需求以及行业发展需要；学校各党政管理部门、教辅部门以及教学单位规划发展是否符合学校发展需要。

学校建设发展规划通常以“一个五年规划”为发展阶段，“十三五”建设发展规划是学校在“十三五”建设时期指定的，符合区域国民经济和社会发展，也符合职业教育发展规律的指导规划，是学校一定时期内的办学定位、发展目标、战略举措的指导性文件，代表着整个院校特定时期的发展方向。“SPADE”模型将建设发展规划作为学校层面实施诊改的重要诊断点，充分考虑了国家发展战略、区域政策和经济发展需求、前瞻性的产业发展分析和区域龙头企业的市场人才需求等方面的问题，从办学定位、办学目标、发展战略、主要任务、建设举措、规划实施等六个观测点全面监控学校在“十三五”建设发展规划的完整性、合理性、可持续性，目标分解的科学性，以及落实层面的可行性和完成度。

专项规划是指学校各项事业建设的发展规划，“SPADE”模型围绕党的建设、专业建设、师资发展、国际交流与合作、科研工作、社会服务、校园建设等七项重大战略性专项工作设置观测点。重点监控专项事业规划是否符合国家各项事业发展的战略性政策、区域行政管理单位与教育行政管理单位的各项政策的前沿需求，是否能够有效支撑学校“十三五”建设发展规划，并且在学校的专项事业工作中，具有指导性意义。

部门规划是学校下辖各个单位在一定的历史时期内，为配合学校整体发展，针对部门自身业务职责而进行的建设发展规划。“SPADE”模型在学校层面开展诊改工作，重点在党务和学校事务管理机构、二级教学部门、教学辅助机构三个观测点开展监控与反馈。有效支撑学校建设发展的总体要求，指导部门业务工作，与其他部门进行高效配合。

② 在学校建设重体系方面

在学校建设重体系方面，包含有组织体系、规划体系、目标体系、标准体系等四个方面的诊断点。旨在从体系建设的完整度方面，达到各组织部门间高度协同，各项事业合理规划，目标链清晰合理，标准链完整有序。

组织体系是学校事业发展体系建设中，在组织结构层面开展学校办学质量诊断与改进。“SPADE”模型从部门设置、流程运转、职能规划、组织变革等四个观测点，全方位监控学校各类行政、教学、教辅部门的设置情况、办事流程、职能归属等各方面工作，并监测组织变革机制是否能够根据学校的发展需要，具备动态调整性特征，以确保学校组织体系建构、运转的科学高效。

规划体系是学校事业发展体系建设中，对各项事业建设发展、各部门建设发展的契合度开展质量诊改工作。“SPADE”模型所设置的规划体系诊断点内含完整性、层次性、协调性、功能性等四个方面。一是监控学校各项事业以及各个部门的发展建设规划的完整性、科学性、合理性、可持续性并进行反馈与改进；二是监控各级各类发展规划之间是否能够有机衔接，互相配合，形成合力，共同支撑学校建设发展总框架、总要求。

打造清晰、合理的，以及符合国家、区域、院校发展战略需要的目标链与标准链是学校开展质量保障诊断与改进工作的应有之义。高职院校在实施诊改工作时，“目标链”的打造应符合客观实际，学校能够“跳一跳摸得着”，“标准链”制定应科学有效，能够起到检查监督和促进提高的双重作用。“SPADE”模型精准判断学校国际化、商务专业的办学需求和发展方向，对接区域经济需求与特征，找准诊改的逻辑起点，打造科学、系统的目标体系与标准体系。目标体系旨在从目标链、目标层次、目标结构、目标完整性、目标关联性等五个层次着手打造；标准体系包含岗位标准体系、专业标准体系、课程标准体系、教师标准体系、学生标准体系五个观测点，打通“五横”，贯穿“五纵”，共同支撑了网络结构、互相依存质量保证体系。

③ **在学校建设重制度方面**

所谓“治国凭圭臬，安邦靠准绳”，制度建设是高职院校提高办学效益、实现教学目标、提升人才培养质量的根本保证，能够确保各项事业建设朝着行动目标逐步实现的规章规定，具有指引方向、规范行为、提高效率、维护稳定、防范化解风险等方面重要作用。2019 年，教育部、财政部印发《关于实施中国特色高水平高职学校和专业建设计划的意见》（简称“双高计划”），明确提出了“健全内部治理体系，完善以章程为核心的现代职业学校制度体系，形成学校自主管理、自我约束的体制机制，推进治理能力现代化。”为我国高职院校破除管理机制障碍，推进治理现代化的历史发展机遇。在“SPADE”模型中，“重制度”也是学校开展内部质量保证整改工作在质量生成层面的重要抓手，包含了党建、行政管理、教育教学、科研管理、师资管理、学生管理、国际交流等学校事业建设的七个方面。

加强党的建设是“双高计划”明确要求的改革发展任务之一，“SPADE”模型在党建诊断点中从党委领导下的校长负责制、落实党风廉政建设党委主体责任制度、党建工作制度、基层党组织建设情况考核评价制度、党员干部业绩考评和民主评议制度、个人重大事项报告和党务公开制度等六个方面实时观测，将党的建设与学校事业发展同部署、同落实、同考评，为学校改革发展提供坚强组织保证。

在行政管理诊断点，“SPADE”模型以动态性为建构原则，从业务管理与学习、业务培训与会议管理、议事决策、信息公开制度等四个方面进行观测，针对行政工作的制度规范性、业务办理流畅性、机制的动态调整性等方面开展质量诊断与改进。

教育教学是学校落实立德树人根本任务的核心工作，教育教学制度建设是学校提升人才培养质量的重要保障。“SPADE”模型从教学管理组织机构制度、教学运行管理制度、教育教学建设管理制度、教学质量监控制度等四个方面设置观测点。

科研管理方面，“SPADE”模型以制度建设为纲，从课题管理及经费使用制度、学术机构及学术活动制度、科研奖励制度、学术行为制度等方面实施观测，不断提升科研管理规范，提升教师的科研能力、科研水平与学术品质。

师资管理方面，“SPADE”模型的师资管理诊断点包含师德师风制度、师资队伍建设管理制度、教师职称评审及管理制定、教师评先评优制度、教师企业实践管理制度、兼职教师管理制度等六个观测点，充分考量教师师德建设、教师的职业成长、激励机制、“双师型”教师队伍建构、专兼职教师管理等多方面的元素，实现教师队伍的结构化、合理化发展。

学生是学校教学工作的主体，“SPADE”模型坚持“以学生为中心”的原则，设立学生管理诊断点，从学生管理制度、学生学分管理制度、学生奖学、助学、贷款管理制度、学生先进班集体、先进个人制度等四个方面进行观测，全面覆盖学生的学习、生活和班级管理。

国际交流是衡量院校办学质量、彰显院校办学实力的重要指标。“SPADE”模型发挥商科职业院校“国际化”的内在特色，深化国际化商务人才培养模式改革，从涉外人员工作制度、外事活动制度、外籍教师管理制度、国际学生管理制度等四个方面开展观测，覆盖“走出去”与“引进来”的双向交流活动，通过质量管理，将学校建设成为特色鲜明的国际化高职院校。

总的来说，“SPADE”模型重视学校的制度建设，在行政管理、教育教学、科研建设、学生工作、人事管理、国际化建设等各项事业建设方面推进建设质量的诊断与改进工作，涵盖了决策指挥、质量生成、资源建设、支持服务、监督控制等一系列质量保障“纵向”体系，有力促进学校行政办事规范性、高效性。

④ 在学校建设重考核方面

“考核”是在学校层面开展质量诊改过程中的监督控制环节工作，保证学校层面的诊改工作与事业建设能够按照标准落地实施，最终达成既定目标。“SPADE”模型力图搭建网络化、全覆盖内部质量保证体系，设置了学校建设重考核维度，包含了过程性考核、结果性考核和发展性考核三个诊断点。

过程性考核重在学校建设的过程监督，强调考核结果的实施反馈与运用改进，具有导向性。“SPADE”模型从出勤率、月度考核、学期考核、现场考核等四个方面观测，通过考核的动态积累，帮助各项事业建设建立动态调整机制。

结果性考核具有诊断性特征，能够为学校一段时期内各项事业建设进行结论性评价。“SPADE”模型结果性考核诊断点设立了目标达成度、任务完成率两个观测点，以静态呈现的方式，诊断学校各项事业是否按照规划方案落实落地。

发展性考核以“教育可持续发展”为理念，侧重于学校事业建设可持续性，具有目标性。“SPADE”模型发展性考核诊断点设立了经济性、示范性、持续性三个观测点，观测学校各项事业未来的发展潜力。

⑤ 在学校建设重保障方面

保障是高职院校各项事业建设发展的支持和基础，贯穿在院校实施质量诊改的各项工作过程中，是人力、物力、财力、智力等各个方面的“支持服务”，保障质量生成。“SPADE”模型中包含有组织保障、制度保障、技术保障、经费保障等四个方面的诊断点。

组织保障是人力保障，是支持“SPADE”模型五维质量保证体系正常运行的人员组织形式、职责分配以及合作原则。包含组织架构、人员组成、机制运行等三个观测点，保证决策指挥、质量生成、资源建设、支持服务和监督控制等一系列诊改工作的组织运行顺畅。

制度保障是规则保障，是高职院校实施诊改过程中落实“支持服务”的重要方面，是质量保证体系运行的法规与准则。“SPADE”模型制度保障诊断点从制度建设、制度执行、团队配备、设备投入等四个方面进行观测，旨在建立能够动态调整的制度制定、运行、调整机制。

技术保障是智力支持。“SPADE”模型包含了团队配备、设备投入等两个观测点，为学校实施诊改建设资源，提供技术服务。

经费保障是财力支持，是支持质量保证体系有效、高效、长效实施的有力保证。“SPADE”模型制度保障诊断点设立了资金筹措、资金管理、资金使用、监督机制等四个观测点，形成了以“筹措—使用—管理—监督”为闭环的经费保障管理机制。

（2）专业建设五力

在专业层面，以“校企合作、产教融合、服务区域经济发展、培养现代商务高素质应用型人才”为建设理念及目标，构建“专业建设五力”模型，从专业发展潜力、教师魅力、课程保证力、就业竞争力、社会影响力五个方面对专业的建设与发展进行诊改。

① 专业发展潜力

专业发展潜力包含在校生规模与培养质量、专业论证与岗位分析、校企合作、专业建设与创新发展、目标定位及能力结构、诊断与改进等六个诊断点。

“SPADE”模型坚持“以学生为中心”的诊改理念，重视对在校生规模与培养质量的诊断与改进，从招生完成率、报到率、招生规模、国际学生与进修生四个方面进行观测，从学生入校一端把好生源质量，并持续观测学生的数量、质量、广度。

根据“专业建设五力”模型，专业论证与岗位分析是专业建设发展潜力的重要诊断点之一，包含区域产业需求、专业建设委员会、职业岗位及人才需求、专业定位等四个维度的观测点。结合学校实际，围绕“专业群对接产业链”的专业群建设思路，对接广西三大定位、六大新兴产业、引金入桂和“数字广西”战略，提出构建智慧商科立体专业群体系，并辐射带动相关专业建设。依托专业建设委员会，分析智慧商科职业岗位人才需求，找准专业办学定位，系统论证，科学分析。

校企合作是“SPADE”模型专业建设诊改维度中最能够体现职业教育特色的诊断点，包含专业设置、人才培养方案、课程及教材、实训实习平台、人才培养质量标准、教学团队等六个维度的观测点，从专业建设、课程建设等多个层面，加大企业融入力度，推进“三教”改革。充分调动政、校、行、企育人积极性，深化校企合作体制机制改革，创新职业教育人才培养模式，形成专业群人才培养机制，并推进产教融合教育教学改革，提高专业人才培养质量和社会服务能力。

专业建设与创新发展从创新办学模式、实践教学占比、专业动态调整机制等三个方面开展观测。“SPADE”模型加大专业结构优化调整力度，结合当前新技术、新业态发展，积极开展专业教学改革和课程调整，提升教学质量和专业竞争力，重点打造国际商务、会计和物流管理三大优势特色专业，建成区级一流、全国知名的王牌专业，国家级、区级标志性成果不断增加。

目标定位及能力结构是专业发展潜力的诊断指标之一，“SPADE”模型针对新时代商科高职院校专业建设发展特点，从人才培养的目标定位、人才培养的能力结构以及毕业生的质量标准三个维度进行观测，把好学生的出口一端，保证人才培养质量。

诊断与改进旨在专业建设层面搭建诊断与改进体系，“SPADE”模型从机制建设、运行效果两个维度进行观测。在机制建设方面考察目标链、标准链是否清晰合理；在运行效果方面考察是否能够在 8 字螺旋中有效开展专业诊断与改进。

② 教师魅力

教师魅力是专业建设的人力资源保障，在“SPADE”模型的专业层面构建中，包含专业带头人资质与条件、专业带头人成果与荣誉、教师团队数量结构、专业教师能力素质、专业教师发展等五个诊断点。

在高职院校中，专业带头人一般指在“专业”这一基层教学组织单位中，担负着专业发展规划、专业教学资源整合、专业教学问题诊断与改革、专业教学团队建设与管理等专业建设职责，通过多种方式和途径影响专业教师并带领本专业教师团队实现专业建设目标的人。专业带头人对于专业发展责任重大，因此，应当具有一定的资质条件与能力结构。

在资质条件层面，“SPADE”模型注重专业带头人的学术背景、专业知识技能以及科研能力，从学历、职称、教学经验、教学任务、科研项目等五个维度观测其资质条件，旨在筛选各项条件最优者牵头专业建设。

在能力结构层面，“SPADE”模型作为诊改模型，注重借鉴可量化的数据进行参考，从论文发表、课题研究、获奖情况等三个维度观测带头人的教学与科研两个领域的成就与荣誉。

新时代高等职业教育，要在深化产教融合的过程中，“打造数量充足、专兼结合、结构合理的高水平双师队伍”，“SPADE”模型在专业建设诊断层面，注重将教师团队数量结构作为诊断点，以学生为中心，突出职业教育特色，从师生比例、学历比例、双师比例、职称比例、兼职教师等五个维度观测专业教师团队的结构。

专业教师是专业建设的主力军与实践主体，高等职业院校一方面要求专业教师具备一定的业务能力与教学能力，应对教学岗位需求；另一方面，学校也应当为专业教师提供素质保持与能力发展的渠道。“SPADE”模型同时关注了这两方面，提出了专业教师能力素质、专业教师发展两个诊断点。

在专业教师能力素质方面，“SPADE”模型兼顾高等教育与职业教育特征，体现出了商科高职院校的针对性原则，指出从课题研究、比赛竞赛两个方面进行观测，要求教师同时具备专业技术技能以及科研能力。

在专业教师发展方面，“SPADE”模型从商科职业教育的视角出发，从制度、企业实践、信息化技术、培训等四个维度观测教师能力提升的渠道，综合发挥政、校、企多元主体作用，共同促进教师能力的发展和提升。

③ 课程保证力

课程保证力包含教学模式与成效、课程设置、课程标准、课程资源、课堂建设内容与成效、校内实训基地、校外实习实训基地等七个诊断点。

“SPADE”模型立足“三教”改革，把握教法的基本途径，针对商科高等职业教育，将校企合作引入课程建设，重视学生实践能力的培养，将教学模式与成效作为课程保证力维度的重要诊断点，从教学改革、课程教学、教学资源、考核通过率、教学模式等五个角度进行观测，涵盖教学前、中、后全过程。

“SPADE”模型以商科职业教育针对性为建构原则，以突出岗位适应能力为主线，设置课程体系、课程标准、建设课程资源与课堂内容。

课程设置是专业建设过程中，选定的各类课程的设立和安排。包含课程体系、产教融合、岗位能力等三个观测点，重视课程设置的科学性和企业介入的深度。课程标准在强调产教融合的基础上，突出了学校国际化商科职业院校办学特征，从内容定位、国际标准、标准输出、企业参与四个方面进行观测。在建设课程资源方面，立足“三教”改革，推动混合式教学改革，包括课程资源、国际教学资源、线上课程资源、教材编写、教材选用、网络学习条件等六个观测点，涵盖线上与线下、国内与国际、实体与虚拟等多种方式与维度。在课堂建设内容方面，从教学内容、教学方法、考核方式等三个方面进行观测，通过建设与人才培养规格、岗位适应能力相契合的课程内容，开发“教学做”一体的教学方法和多样化的考核方式，彰显课程建设内容成效。

实训基地是高职院校培养技术技能人才专业技能的必要场地。“SPADE”模型具有极强的商科职业教育针对性，重视校内与校外实训基地的建设。模型对校内实训基地从基地数量及条件、建设方式、国际合作、管理制度等四个方面进行观测，以校企合作为切入点，引入国际化校企共建，打造兼具合作深度与广度，并具有教学时效性的校内实训基地。校外实习实训基地侧重于管理，从基地数量、管理制定等两个方面进行观测。

④ 就业竞争力

就业竞争力是专业层面开展诊改工作的重要维度，体现着专业的人才培养质量与规格，“SPADE”模型包含了学生综合素质、学生就业与创业等两个诊断点。

学生综合素质是学生在校期间综合能力的体现，包含课堂教学、第二课堂、生活和社会参与等多个方面。“SPADE”模型在此诊断点中设置了参赛获奖、毕业生、社团活动、“1+x”证书等四个维度的观测点，多角度观测学校对学生知识、能力、素质的培养是否符合标准，全方位彰显学校各个环节的建设质量和管理力度。

学生就业与创业作为学校就业竞争力的重要诊断点，体现了学生在学期间通过学习与训练，在毕业节点所具备的专业知识技能与创新能力。“SPADE”模型立足商科职业教育，多维度培养学生知识、技能、素质、情商与胆商，培养符合时代需求的有胆有识的商业从业人才。模型通过毕业生的就业与创业数据，从就业率、就业对口率、就业协议签订率、就业满意度、创新创业等五个方面解读学生是否符合专业人才培养目标，是否具备行业、企业所需要的岗位适应性能力。

⑤ 社会影响力

社会影响力有效提升是专业高质量发展的体现，也是专业实现内涵式发展的成果之一。“SPADE”模型在社会影响力层面设置了继续教育与培训及社会服务、国际影响力、技术服务与研发等三个诊断点，围绕广西产业转型升级和职业教育发展，调整专业群结构与专业建设模式，实现国内外的影响力提升。

高等职业教育发展的生命力在于紧密联系地方经济，为区域经济发展服务。“SPADE”模型从职业教育培训、横向课题、社会服务、社会培训、国际培训等五个方面观测学校是否能够为政府、行业、企业的发展提供智力支持，彰显学校反哺社会的能力。

为适应社会经济发展新常态，学院进一步发挥自身"国际化"的内在特色，建设成为特色鲜明的国际化高职院校，深化国际化商务人才培养模式改革。"SPADE"模型从国外留学、国外培训、国外任职任教、国际论坛、国际就业、国际合作等六个方面构建国际影响力这一诊断点，进一步提升专业建设的国际影响力。

技术服务与研发是高职院校作为社会智库的主要职责之一。学校重视通过科研成果向社会资源有效转化，服务社会，"SPADE"模型从技术服务、发明专利、资源应用、资源开放四个方面观测学校的技术服务与研发能力，为广西商业产业发展贡献智慧力量。

（3）课程建设五度

在课程层面，以"学习者为中心"，重视课程开发、课程实施、课程反馈三个阶段的课程质量，按照"目标—标准—运行—诊改"的流程构建"课程建设五度"模型，从符合度、完整度、满意度、创新度、达成度 5 个维度及 19 个诊断点对课程的建设与教学实施诊改。

① 课程符合度

课程符合度是学校在"课程"层面，对"决策指挥"方面实施诊改。"SPADE"模型以针对性为原则，以岗位需求为最终目的，从符合人才培养目标、符合教学标准、符合学生成长需求、符合岗位需要等四个方面进行观测，倒推课程在设计、实施等各阶段、各方面的符合度。

人才培养目标是专业在一定的教育思想和教育理念的引导下，培养学生要达到的规格以及就业后需要具备的知识、技能、素质目标。是专业构建课程体系的决策指挥。通过设立有关质量文化的人才培养目标，将与学校办学特色有关的质量文化列入人才培养目标的素质目标范畴，重点观测课程设置是否经过科学的专业论证，课程内容是否符合专业能力培养的需求。

教学标准是一个专业开展教学过程中各方面需要遵循的准则，体现着专业办学质量。教育部职成司在 2019 年发布了 20 个大类 80 个专业的教学标准，其中财经商贸大类专业标准 8 个，为商科的 32 个专业在入学要求、修业年限、职业面向、培养目标、培养规格、课程设置及学时安排、教学基本条件、质量保证等各方面建立了办学的准则。"SPADE"模型与国家政策保持高度一致，从专业教学标准、课程标准、岗位标准等三个观测点开展质量诊改。

按照"SPADE"模型构建，推动质量文化与课程体系相融合，将质量文化融入思想品德教育课程、人文素质课程、专业基础课以及专业核心课程中。观测课程在思想品德教育、职业能力训练、专业知识传授等三个方面是否符合学生成长成才的需求。

岗位需要是课程符合度的最终落脚点，根据学校着力培养商科人才的特点，结合行业需求，增加与岗位有关的质量文化要求，将质量文化渗透于人才培养质量管理的全过程。从岗位能力、岗位知识、实训条件三个方面对课程岗位需求度实施诊改。

② 课程完整度

课程完整度是学校在"课程"层面实施诊改，是"标准体系"建设中的一环，包括教学团队完整、教学方案完整、教学环节完整、课程资源完整等四个诊断点。

教学团队是支持专业建设质量的师资人才保证。"SPADE"模型充分考虑了高等职业院校的师资团队结构化要求，从职称结构、年龄结构、双师结构、学历结构、企业实践等五个方面进行观测，从质量上保证每一个专业都能打造一支专业背景、知识结构、技术技能、社会实践等多方面能力强、质量优的教学团队。

教学方案是教师实施教学过程的计划安排与依据。高质量的教学方案应当包含完整而可行的教学计划、合理的实施方案和高效的教学进度，这也是“SPADE”模型重点观测的三项内容，覆盖教学活动从计划到实施的各个方面。

教学环节是教学活动中链锁式结构的诸多组成部分及其衔接活动。运用“SPADE”模型，从教学设计、教学手段、学情分析、教学评价等四个维度观测课程教学环节是否完整，对课前、课中、课后全过程实现全覆盖诊断。

课程资源是课程诊改在“资源建设”方面所开展的工作，为了促进教学活动更好地开展，教师需要将各种条件和材料，包含实物的课程资源和电子课程资源运用到教学活动中。“SPADE”模型从教材、电子教学资源、试题库及习题库三个维度观测课程资源的完整性，力求涵盖课前与课后，线上与线下，做到全面完整。

③ 课程满意度

课程满意度是重要的课程诊断维度，“SPADE”模型中包含有学生满意度、教师满意度、企业满意度、社会满意度等四个诊断点。

学生是教学活动的主体，是最为直接的利益相关方。“SPADE”模型坚持“以学生为中心”的诊改理念，坚持将学生的利益作为出发点实施教学质量诊断与改进，设置“学生满意度”诊断点，从师德师风、课堂教学、课外互动、学习效果等四个观测点开展工作，有效覆盖第一课堂与第二课堂。

教师是教学活动的主导者，是否能为教师提供优越的教学环境，关乎着课程建设的质量，“SPADE”模型从课程资源、授课条件、网络教学平台三个维度观测课程建设的教师满意度，涵盖线上与线下，虚拟平台与实体资源等多个角度。

职业教育培养国家、社会、行业、企业所需的应用型技术技能人才，校企“双元”育人也是在“双高”建设背景下，未来高职院校实现内涵式发展的重要途径之一。“SPADE”模型是针对商科高等职业教育的诊改模型，在课程建设中除了要满足学生和教师的期待，还要高度关注“企业满意度”，从课程开发、课程实施、课程内容等三个维度，加大企业参与力度，观测课程建设是否符合实际生产与商业活动需求，培养企业真正需要的高素质技术技能人才。

社会服务是现代大学的三大功能之一，作为职业教育的高职院校，培养的是高素质技术技能型人才，社会服务的特征更加明显，这与高职教育的特征是紧密相连的，其区域性和行业性特征非常突出。运用“SPADE”模型，从开放度、共享度、服务度等三个方面观测课程建设是否具有社会服务属性，以及所具备的社会服务能力，可以科学评价高职院校的办学质量。

④ 课程创新度

课程创新度是更高阶层的课程建设质量维度，包含建设模式创新、课程内容创新、教学模式创新、考核方式创新等四个诊断点。

建设模式创新是课程创新的主体框架，在课程层面实施诊改，肩负着课程创新维度的"决策指挥"工作。"SPADE"模型坚持"以学生为中心"的理念，遵循学生成长成才的规律、发展需求、心理特点，通过整合课程的知识、方法等逻辑关联，形成相对独立的课程建设模式。充分考虑建设主体、新技术、国际合作等三个方面的内容，建设主体多元、技术先进、具有国际特色的新时代商科课程模式。

课程内容是课程创新的内涵和灵魂，"SPADE"模型以1+X建设为引领，立足"三教"改革，树立"三全育人"的大格局视野，打通专业课程与思政课程，使二者形成同向同行的协同效应。通过观测课程思政、证书内容、技能赛项、新体例教材等思想内容是否融入课程建设，助力课程内容创新建设。

教学模式是一种稳定的教学活动结构框架和活动程序，同时具有科学性、有序性和可操作性。"SPADE"模型以可操作性为建构原则，从校企合作、教学与实训、知识及能力等三个维度进行观测，从新知识、新技术融入专业课程的深度诊断课程校企合作的力度。

考核方式是课程建设的最后一环，也是检验课程教学效果的重要环节。"SPADE"模型立足校企合作，实行全方位的课程考核方式创新诊断，从考核方式、考核依据、企业考核、考核内容等四个维度观测课程考核的多角度、全方位、多元化和科学性。

⑤ 课程达成度

课程达成度是课程层面的诊改工作，对标"决策指挥"，最终在质量层面生成所达成的效果。包含规划达成、质量达成、成效达成等三个诊断点。

课程规划是围绕育人目标搭建的课程建设的总体方案，"SPADE"模型以"计划—实施—诊断—改进"为路径，从计划达成、方案达成、诊断与改进等三个维度进行观测，打造有目标、高标准、可实施、可检验的课程规划闭环体系。

当前，我国职业教育迈入了提质培优、增值赋能的高质量发展新阶段，实现职业教育高质量发展是一切工作的核心要义。"SPADE"模型在课程层面重视对质量达成的诊改投入。从参赛、评价、评学、学生成绩四个方面着手，通过可量化的数据，观测课程建设质量达成度。

通过全方位的课程建设，是否能达到预期成效，还要从一些可量化的数据上观测课程内涵式建设的质量要求是否达成。"SPADE"模型从示范效果、教改立项、国际认可三个维度考量课程获奖、教研立项和国际知名度的建设成效，旨在打造国际化高质量商科课程体系。

（4）教师发展五特

在教师层面，根据教师成长规律，构建"教师发展五特"模型，按入职期、成长期、成熟期、发展期的进步阶段，对新进教师、骨干教师、教学名师、专业带头人分类设定诊改关键指标，从育人情操特高、教学能力特强、科研能力特优、教师魅力特有、仁爱之心特显五个方面按不同的评价指标实施教师自我诊改。

① 育人情操特高

以"SPADE"模型为引领，"育人情操"是院校在教师层面开展诊改的第一维度，包含师德师风、教育情怀两个诊断点。

师德师风建设重点突出教师思想政治素质和职业道德水平，对于提升教师育人品德和推动教师成为学生健康成长的引路人具有十分重大的意义。在该诊断点中，“SPADE”模型从教师职业行为、以德施教、为人师表等三个方面开展观测，促进教师在职业情操，道德水平与个人魅力等方面生成质量。

教育情怀是指教师对教育事业的热爱和执着，对于职业教育教师而言，还包含精工重技的匠人情怀。“SPADE”模型秉持商科职业院校针对性特征，在教育情怀开展诊断，包含爱岗敬业、奉献精神、工匠精神等三个方面，督促职业教育教师生成职业认同感、职业自豪感。

② 教学能力特强

教学能力是高职院校教师工作的主责主业，“SPADE”模型坚持以学生为中心，以高标准要求教师的教育教学能力，在此维度包含教学设计能力、教学组织能力、教学执行能力、技能应用能力、整合能力等五个诊断点。

教学设计能力是教师实施有效教学的重要能力，是对教学进程、教学方法和教学组织形式进行综合设计，这要以对教学内容的准确把握以及对学生情况的清楚了解为前提。换句话说，教学设计就是教师在上课前设计好如何把教学过程中的各要素进行组合，以达到最佳优化的教学效果。“SPADE”模型从教学内容、过程设计、教学环节、课程标准、教学方法等五个方面观测，要求教师以“三教”改革为契机，有序推进学校整体改革实验，深入钻研教材，全面把握教学目的、教学内容和学生实际三者之间的内在联系，并根据实际寻找合适的教学方法实施教学，并在实际教学中及时进行调整以取得最佳的教学效果，达到“传道、授业、解惑”的目的。

教学组织能力是教师在课堂教学环节，要取得教育教学成功，要保证开展的教育活动有效，就必须拥有的能力，这也是对教师做好教学工作的最基本的要求。“SPADE”模型以学生为中心，从学生到课率、学生评价、教学重难点、课外实践四个方面开展观测，要求教师充分把握课堂环境，维护课堂秩序，审时度势搞好课堂教学气氛，充分调动学生学习积极性，引导学生认真独立思考，注意培养学生的创新创业能力，此外，还能创造性地组织学生开展课外活动。

教学执行能力就是执行已确定的教学策略的能力，即按照制定的方案和策略完成各项教学工作任务的能力。“SPADE”模型要求教师从教学进度、教学活动、教学过程、教学语言四方面开展观测，对教师教育教学全过程实施严密讨论、持续跟进、有效落实，保证教师按质、按量、按时完成教育教学工作。

技能应用能力是教师在教学中应用各种技能解决教学实践问题的能力。以“三教”改革为引领，以疫情背景下开展大规模的线上教学为契机，技能应用能力已经成为高职院校教师的必备教学技能之一。“SPADE”模型从教学手段、技能训练、信息技术手段三个方面开展观测，要求作为教育教学活动的组织者和实施者，教师应能根据教学的需要熟练将现代化信息技术与教学深入融合，并能在获取、分析和处理信息上熟练应用信息技术，同时能轻松实现网络教育与线下课程的相互结合，用信息化助力自身素质持续提升。

整合能力是指教师为了提升教学效果而整合各种资源的能力。在当前一轮的诊改实践中，教学资源整合是必然要求。教育部《关于全面深化课程改革落实立德树人根本任务的意见》中明确指出：除了充分使用各学科独特育人功能之外，还要大力发展学科间综合育人功能，通过精心设计和组织实施跨学科主题教育教学活动，根据各学科特点有机整合其教育内容，要在学生综合分析问题和解决问题能力的培养上下足功夫。“SPADE”模型在该诊断点中，从校企协同育人、教学技能比赛、指导学生参赛三个方面开展观测，促进教师充分利用各种资源，比如职教联盟平台，大力促进校企间协同合作，充分发挥各自优势，高度整合教育资源，有效推动专业建设、人才培养、实习实训、资源建设、课程开发、技能培训等工作地开展，在教师群体中强化合作理念，开展共建共享优质教育资源，有效提高教师教育水平和持续提升教育发展能力。

③ 科研能力特优

科研能力是高等教育教师的必备能力之一，综合体现教师的业务知识能力和研究能力，“SPADE”模型有效针对高等职业院校开展诊改，在科研能力特优方面，建设了创新思维、科研水平、成果推广、团队协作等四个诊断点。

创新思维彰显教师对于专业前沿知识、技术的理解，应用能力和教师的思维能力水平。但创新思维是内隐性的，为客观的定量分析和测定带来了一定的困难，因此，需要创设科学有效的观测点。“SPADE”模型从技术研发、技术服务、创新创业团队等三个方面观测教师创新思维能力，通过组建团队，促进对新工艺、新技术、新产品、新材料的开发、运用，将隐形的创新思维外化。

科研水平是“SPADE”模型中“科研能力特优”维度的核心观测点。2020年10月，中共中央、国务院印发《深化新时代教育评价改革总体方案》，提出“坚决克服唯分数、唯升学、唯文凭、唯论文、唯帽子的顽瘴痼疾”，“SPADE”模型贯彻落实党中央对“教育指挥棒”的政策要求，从论文著作、科研课题、专利发明、荣誉与获奖等四个方面开展观测，既能够彰显出教师在专业领域内的研究能力，又能体现出教师对学校建设发展的贡献度。

成果推广能力是高校教师将科研成果转化为经济效益与社会效益，进而服务学校、服务企业、服务行业、服务社会的能力。“SPADE”模型发挥高职院校的社会服务功能，从科研成果转化、社会与经济效益两个方面进行观测，通过实施诊改，增强学校反哺行业企业、服务社会的能力。

高校科研团队是为实现某个科研目标而组成的群体，群体内有着明确的分工协作，同时具有良好的互动性和极强的凝聚力。为了在某一科研领域做深、做强、做出特色，高校往往会加强创新型科研团队的建设，这也能在团体优势和学科优势中进行深入研究并取得更多更高质量的成果。“SPADE”模型针对高职院校办学特色，从双师型团队、团队精神两个方面实施观测，促进教师在团队中发挥自身在教育教学和技术技能方面的优势，有效互补，明确科研目标，形成具有“双师型”特色的、协同高效的科研团队。

④ 教师魅力特有

教师魅力是教师发展目标与标准的重要维度，“SPADE”模型在教师层面开展全面诊改，在教师魅力特有方面，设置了职业素养、扎实学识、影响力、感染力等四个诊断点。

高职院校教师是一个特殊的群体，需要同时具备教师教育教学能力、专业知识能力、专业技术技能，以及一定高度和广度的育人视野。“SPADE”模型体现职业教育类型特征的同时，充分展现自身国际化办学特色，在诊断过程中设置外化观测指标，包含教师资格证、专业技术职称、职业资格证书、国际化视野等方面内容。

知识功底厚、教学能力强、教学态度好、教学方法佳等，这些都是作为老师应该具备的基本素质，扎实的学识是衡量好老师的一条非常重要的标准。习近平总书记曾指出：过去讲，要给学生一碗水，教师要有一桶水，现在看，这个要求已经不够了，应该是要有一潭水。高度说明了教师扎实知识在教书育人工作中的重要性。在“SPADE”模型的构建中，充分考虑高等职业院校教师需要具备的知识功底的要求，设置专业知识、专业技能、继续教育等三个维度的观测点，要求教师在保证自身高质量的知识功底和技术技能的基础上，还要不断参与学校与行企主办的各项培训，促进自我提升。

影响力是教师在专业技术领域综合实力的外显，具有影响力的教师通常是专业综合能力过硬，且有一定的行业、社会贡献度的教师。“SPADE”通过媒体报道、学术团体、社会服务三个观测点来衡量教师的影响力，充分考虑教师的个人荣誉，以及教师为所在的行业和就职的院校带来的荣誉和发展。

感染力是教师个人魅力的集中展现，是教师将自身的知识、能力、道德素养，职业精神等内隐素养外化成为一种可感知的力量，并成功影响学生、影响他人的能力。“SPADE”模型从立德感染力、授课感染力、课外感染力等三项观测内容出发，帮助教师实施系统全面的质量诊改，从品德、专业、生活等课内外全方位引导学生成长成才。

⑤ 仁爱之心特显

习近平总书记在与北师大师生开展座谈时，提出著名的“四有”好教师标准，习近平总书记提出，做好老师，要有仁爱之心。老师一定要平等对待每一个学生，尊重学生的个性，理解学生的情感，包容学生的缺点和不足，善于发现每一个学生的长处和闪光点，让所有学生都成长为有用之才。“SPADE”模型重视对教师仁爱之心方面进行诊改，设置仁心、爱心、耐心、细心等四个诊断点。

仁心是指教师的社会帮扶能力。“仁”是我国儒家思想的核心理念，仁，亲也，从人，从二。意在指关怀他人，不以一己私利为念。“儒”，作为一个社会群体，在传统文化中，也承担着教育的职能。可见，从古至今，“仁心”就是教师这一职业应具备的德行操守之一。“SPADE”模型传承我国优秀的传统文化，从脱贫攻坚、帮扶行动两个方面观测教师的“仁心”品质，从服务社会和服务行业两个角度彰显教师专业能力的社会价值。

爱心是指教师主动投身公益的高尚品行。教育是一项爱的事业，教师也是一个充满爱的职业。教师主动助力国家公益事业既能彰显个人品格，也能以此来带动学生投身公益的热情。在“SPADE”模型的建构中，爱心诊断点包含了志愿服务、公益活动两个观测点，促进教师对社会公益事业的热心与激情。

"仁心"与"爱心"是社会赋予教师行业的责任，"耐心"与"细心"则是教育行业自身对教师的品质要求。"耐心"包含答疑解惑、学习辅导两个观测点，以此诊断教师在必要的教学任务之外，是否能够通过丰富的辅导工作帮助学生实现学业成长，体现学生在学习活动中的主体性特征。而"细心"诊断点从课内指导、学生身心健康、课外交流三个方面进行观测，督促教师以学生为中心，设计、开展教学活动，尊重教育规律、尊重学生的成长规律、尊重学生的个性发展。

（5）**学生成长五到**

习近平总书记指出，培养什么人，是教育的首要问题，并从理想信念、爱国情怀、品德修养、知识见识、奋斗精神、综合素质等各个方面对教育工作提出了具体要求。"SPADE"模型坚持"以学生为中心"的建构理念，重视在学生层面开展质量诊改，设置学生成长"五到"诊改模型，从知识学到、技能习到、素质修到、情商悟到、胆商练到5个维度及17个诊断点对课程的建设与教学实施进行诊改。

① **知识学到方面**

知识是高职院校实现人才培养目标的首要层次，"SPADE"模型在学生层面开展诊改，重视对学生所学知识的检测，设置"知识学到"维度囊括专业知识、社科知识、人文知识等三个诊断点。

专业知识都是学生在校期间，需要达到成才规格中最重要、最基础的习得层次，也是未来求职、就职、服务行业、贡献社会所需要的基本功。"SPADE"模型从专业基础知识、专业核心知识、专业拓展知识三个维度开展观测，以由低到高的递进层次观测学生对专业知识的习得程度。

社科知识是学生作为社会人所必须掌握的社会公共基础知识，强调的是基础性和普遍性。习得丰富多样的社科知识对于塑造、坚定学生的世界观、人生观、价值观有着重要的作用。"SPADE"模型从思想政治理论知识、科学文化基础知识和政治、经济、文化、历史等相关知识等方面实施观测，开展诊改，落实立德树人根本任务，塑造德智体美劳全面发展的社会主义建设者和接班人。

此外，"SPADE"模型从商科针对性的建构原则出发，设置人文知识诊断点，从中华优秀传统文化知识、与本专业相关的法律法规以及环境保护知识、中国传统商业文化和世界经济发展趋势等三个方面开展观测，帮助学生深度探索商业文化、建立商业意识。

② **技能习到方面**

技能也是人才培养规格中的重要层次，"SPADE"模型坚持以学生为中心开展诊改，在技能习到层面设置了专业能力、社会能力、方法能力三个诊断点。

专业能力是学生在学期间所需要习得的专业技术技能，是职业能力的核心，"SPADE"模型中所包含的专业基础能力、专业核心能力、专业拓展能力三个诊断点，呈递进关系。专业基础能力是基础、必备能力，衡量学生未来是否能够踏足行业，胜任岗位需求，具有普及性，能够正常按照教学进度参加课程技能训练即可掌握，需要全部在校生掌握并运用；专业核心能力是学生在学期间需要掌握的具有一定难度的技术技能，可衡量学生是否具备未来在行业中深耕的能力；专业拓展能力是学生选择性掌握的高阶专业技能，是学生未来在行业中成为卓越人才的需要，难度较高，需要学生借助第二课堂或各类竞赛中进行锻炼。

社会能力是“SPADE”模型中最能体现商科专业特色的职业能力之一，包含服务社会能力、社会交往能力、团队协作能力三个观测点。商业活动作为一种社会活动，社会能力成为商科高职院校人才培养质量的目标与标准。

方法能力是学生在专业学习中遇到问题，设计并运用方法解决问题的能力，是学生实现自我提升的可持续发展途径。“SPADE”模型从语言交流能力、计算机应用能力、艺术鉴赏能力、时间管理能力、自我管理能力等五个维度开展观测，以商科专业特色为核心打造学生在社会交往、数据管理、审美能力、自我管控等多个方面的能力，促使学生不断提升社会适应力。

③ 素质修到方面

素质也是人才培养目标制定的重要层面，“SPADE”模型着力培养德智体美劳全面发展的新时代商科职业技术技能人才，注重对学生素质层面的诊断与改进，在素质修到方面包含价值观、职业素养、身体素质、心理素质等四个诊断点。

价值观是学生认定事物、判定是非的一种思维或取向。“SPADE”模型从爱国精神、遵纪守法、劳动态度、诚信友善四个方面进行观测，对学生的价值取向开展诊断，塑造热爱祖国、遵纪守法、热爱劳动、慎独自律的高素质技术技能人才。

职业素养是个体在从事职业活动时需要遵守的劳动规范，体现在品质、能力、行为等三个层面。“SPADE”模型在工匠精神、社会适应力、爱岗敬业、职业道德、社会责任感和使命感五个方面开展观测，实施诊断。以工匠精神、职业道德、社会责任感和使命感等道德品质作为思想引领，以社会适应力作为能力保障，以爱岗敬业作为行为引导，多方位塑造高素质商业从业人才。

身体素质教育方面，受到了党中央的高度关切。2020 年，中共中央办公厅、国务院办公厅印发《关于全面加强和改进新时代学校体育工作的意见》提出，以立德树人为根本，以社会主义核心价值观为引领，以服务学生全面发展、增强综合素质为目标，坚持健康第一的教育理念，帮助学生在体育锻炼中享受乐趣、增强体质、健全人格、锤炼意志，培养德智体美劳全面发展的社会主义建设者和接班人。“SPADE”模型从运动技能、体测成绩、体育活动、体育竞赛等方面开展观测，着力培养学生运动的技能、健康的身心、健全的人格、竞技的精神。

心理素质是个体性格品质与心理能力的综合体现。而对于商科类学生而言，心理素质更是职业所要求具备的品质特征和素质能力之一。“SPADE”模型立足商科高等职业教育，在心理素质方面构建诊断点，包含了品格与态度两方面。品格方面重在从坚韧、无畏等方面衡量学生的意志品质；态度重在从积极乐观、主动适应等方面衡量学生参与学习的表现。

④ 情商悟到方面

商业活动是一种以商品或劳务交换为主要内容的营利性经济活动，具有极强的产品流通性和社会交往性，对于学生的情商有着较高的要求标准。“SPADE”模型立足行业特征，在情商悟到层面设置交际能力、健康人格、情绪管理、内驱力等四个诊断点。

交际能力是商科类学生在商业活动中需要具备的重要能力。“SPADE”模型从岗位需求出发，充分考虑学生需要具备的沟通技巧，设置交际能力包含领导能力、沟通协调能力、同理心和换位思考、参加学校社团情况等四个观测点，综合诊改学生在第一课堂、第二课堂的表现。

健康人格方面侧重从心理健康的视角考查学生个人学习生活的态度与能力。“SPADE”模型从心理状态、感恩之心、担当精神等三个不同层面开展观测，逐级递进，助力培养人格健全、积极向上的商务从业者。

情绪管理是个体对自身情绪的认识、协调、引导、互动和控制，可以通过充分挖掘和培植个体情绪智商，培养驾驭情绪的能力。情绪管理能力是学生未来积极乐观、科学有效地从事商业活动的重要能力之一，“SPADE”模型在情绪认识、情绪控制、问题处理三个方面开展观测，全面覆盖学生对情绪的认知水平和自控能力。

内驱力是个体在需要的基础上形成的一种内部唤醒状态或紧张状态，表现为推动个体活动以达到满足需要的内部动力。SPADE 模型从终身学习意识、自我激励能力、可持续发展力三个层面进行观测，帮助学生适应产业发展和技术进步，不断更新知识、提升技能，实现职业生命的可持续发展。

⑤ 胆商练到方面

胆商是个体的胆量、胆识、胆略的度量，其本质体现为一种冒险精神。也是商人在对商业形式科学研判的基础上，果断出手，临危不乱的实施商业活动的胆量、能力的综合体，需要集视野、学识、洞察力、判断力、应变能力于一身。“SPADE”模型作为商科高职院校的质量保证模型，将“胆商练到”列为学生必备的能力之一，包含了创新创业、竞争意识、逆境处理、冒险精神等四个诊断点。

商业活动具有前沿性特征，创新创业就成为商科专业人才培养的重要能力之一。对于创新创业而言，创新是能力特质，具有内隐性，创业是达到目标，具有外显性。“SPADE”模型综合考虑“创新”与“创业”的实质，制定可操作的观测点，从创业实践、创新创业大赛、自主创业三个方面实施诊断，以创业实践为抓手培养学生创新意识，进行项目孵化，继而以竞赛为平台考察创业人与创业项目的潜力，最后以市场为试金石，检验创新项目的核心竞争力，通过递进式前进，培养创新创业人才。

商业活动包含竞争和博弈，商科专业学生也要常备竞争意识，保持竞争状态。竞争意识不可量化，但表现出来的竞技成绩是可量化的，充斥着学生对于竞争的认知与追求。“SPADE”模型从比赛、荣誉两个层面进行观测，量化衡量学生的竞争意识、竞争能力、竞技水准。

商业活动具备一定的风险性，商科学生应当具备对于风险的应对与危机处理的能力。“SPADE”模型从危机应对能力、受挫能力两个层面观测学生对危机与挫折的认知与对逆境处理能力。

冒险精神是胆商最集中、最明显的表现之一，作为商科高职院校的质量保证模型，从立德树人的根本任务出发，不仅要考虑培养学生应对商业风险的能力，也要综合考量学生的正义精神、社会责任。“SPADE”模型从挑战精神、参军入伍、支援西部及贫困地区建设、见义勇为等方面进行观测，从商业活动到家国情怀，面面俱到，真正培养有理想追求、有道德品质、有责任担当的高素质商业人才。

3.2 五维质量保证体系标准

一 学校发展五重标准指标

在学校层面，围绕学校发展目标，构建“学校发展五重”模型（见表3-1）。从定位与目标、发展战略、任务及举措、规划实施等四个方面完善学校总规划，细化党建规划、专业建设规划、师资发展规划等7项专项规划以及党务和学校事务管理机构、二级教学部门、教学辅助机构的部门规划，明确发展目标。厘清各部门工作职责，优化岗位设置，建立岗位工作标准，形成规划、目标和标准体系。完善制定包括党建、行政管理、教育教学、科研管理、师资管理、学生管理、国际交流等7个方面的管理制度，坚持过程性考核、结果性考核、发展性考核相结合的考核方式，在组织保障、制度保障、技术保障、经费保障的四重保障下，确保质量保证标准确立。

表3-1 “SPADE”模型学校层面指标

维度	诊断点	观测点
1.1 重规划	1.1.1 学校发展规划	1.1.1.1 定位与目标
		1.1.1.2 发展战略
		1.1.1.3 任务及举措
		1.1.1.4 规划实施
	1.1.2 专项规划	1.1.2.1 党建规划
		1.1.2.2 专业建设规划
		1.1.2.3 师资发展规划
		1.1.2.4 国际交流与合作规划
		1.1.2.5 科研规划

续表

维度	诊断点	观测点
		1.1.2.6 社会服务规划
		1.1.2.7 校园建设规划
	1.1.3 部门规划	1.1.3.1 党务和学校事务管理机构
		1.1.3.2 二级教学部门
		1.1.3.3 教学辅助机构
1.2 重体系	1.2.1 组织体系	1.2.1.1 部门设置
		1.2.1.2 流程运转
		1.2.1.3 职能规划
		1.2.1.4 组织变革
	1.2.2 规划体系	1.2.2.1 完整性
		1.2.2.2 层次性
		1.2.2.3 协调性
		1.2.2.4 功能性
	1.2.3 目标体系	1.2.3.1 目标链
		1.2.3.2 目标层次
		1.2.3.3 目标结构
		1.2.3.4 目标完整性
		1.2.3.5 目标关联性
	1.2.4 标准体系	1.2.4.1 岗位标准体系
		1.2.4.2 专业标准体系
		1.2.4.3 课程标准体系
		1.2.4.4 教师标准体系
		1.2.4.5 学生标准体系
1.3 重制度	1.3.1 党建	1.3.1.1 党委领导下的校长负责制
		1.3.1.2 落实党风廉政建设党委主体责任制度
		1.3.1.3 党建工作制度
		1.3.1.4 基层党组织建设情况考核评价制度
		1.3.1.5 党员干部业绩考评、民主评议制度
		1.3.1.6 个人重大事项报告、党务公开制度

续表

维度	诊断点	观测点
	1.3.2 行政管理	1.3.2.1 业务管理与学习
		1.3.2.2 业务培训与会议管理
		1.3.2.3 议事决策等制度
		1.3.2.4 信息公开制度
	1.3.3 教育教学	1.3.3.1 教学管理组织机构制度
		1.3.3.2 教学运行管理制度
		1.3.3.3 教育教学建设管理制度
		1.3.3.4 教学质量监控制度
	1.3.4 科研管理	1.3.4.1 课题管理及经费使用制度
		1.3.4.2 学术机构及学术活动制度
		1.3.4.3 科研奖励制度
		1.3.4.4 学术行为制度
	1.3.5 师资管理	1.3.5.1 师德师风制度
		1.3.5.2 师资队伍建设管理制度
		1.3.5.3 教师职称评审及管理制度
		1.3.5.4 教师评先评优制度
		1.3.5.5 教师企业实践管理制度
		1.3.5.6 兼职教师管理制度
	1.3.6 学生管理	1.3.6.1 学生管理制度
		1.3.6.2 学生学分管理制度
		1.3.6.3 学生奖学、助学、贷款管理制度
		1.3.6.4 学生先进班集体、先进个人制度
	1.3.7 国际交流	1.3.7.1 涉外人员工作制度
		1.3.7.2 外事活动制度
		1.3.7.3 外籍教师管理制度
		1.3.7.4 国际学生管理制度
1.4 重考核	1.4.1 过程性考核	1.4.1.1 出勤率
		1.4.1.2 月度考核

续表

维度	诊断点	观测点
		1.4.1.3 学期考核
		1.4.1.4 现场考核
	1.4.2 结果性考核	1.4.2.1 目标达成度
		1.4.2.2 任务完成率
	1.4.3 发展性考核	1.4.3.1 经济性
		1.4.3.2 示范性
		1.4.3.3 持续性
1.5 重保障	1.5.1 组织保障	1.5.1.1 组织架构
		1.5.1.2 人员组成
		1.5.1.3 机制运行
	1.5.2 制度保障	1.5.2.1 制度建设
		1.5.2.2 制度执行
	1.5.3 技术保障	1.5.3.1 团队配备
		1.5.3.2 设备投入
	1.5.4 经费保障	1.5.4.1 资金筹措
		1.5.4.2 资金管理
		1.5.4.3 资金使用
		1.5.4.4 监督机制

二 专业建设五力标准指标

在专业层面，以"产教融合、服务地方区域经济发展、培养高素质应用型技能人才"为目标，构建"专业建设五力"模型（见表 3-2），明确专业发展、教师、课程、就业以及社会影响等五个方面的具体诊断点和观测点，提升专业与区域经济发展对人才需求的契合度，进一步优化人才培养方案，梳理课程知识、技能点与岗位能力关系，细化毕业要求与课程的关系，制定相应的课程标准、资源标准，培养区域经济产业发展所需的复合型技术技能人才。

表 3–2 “SPADE”模型专业层面指标

维度	诊断点	观测点
2.1 发展潜力	2.1.1 在校生规模与培养质量	2.1.1.1 招生完成率
		2.1.1.2 报到率
		2.1.1.3 招生规模
		2.1.1.4 国际学生、进修生
	2.1.2 专业论证与岗位分析	2.1.2.1 区域产业需求
		2.1.2.2 专业建设委员会
		2.1.2.3 职业岗位及人才需求
		2.1.2.4 专业定位
	2.1.3 校企合作	2.1.3.1 专业设置
		2.1.3.2 人才培养方案
		2.1.3.3 课程及教材
		2.1.3.4 实训实习平台
		2.1.3.5 人才培养质量标准
		2.1.3.6 教学团队
	2.1.4 专业建设与创新发展	2.1.4.1 创新办学模式
		2.1.4.2 实践教学占比
		2.1.4.3 专业动态调整机制
	2.1.5 目标定位及能力结构	2.1.5.1 目标定位
		2.1.5.2 能力结构
		2.1.5.3 毕业生质量
	2.1.6 诊断与改进	2.1.6.1 机制建设
		2.1.6.2 运行效果
2.2 教师魅力	2.2.1 专业带头人资质与条件	2.2.1.1 学历
		2.2.1.2 职称
		2.2.1.3 教学经验
		2.2.1.4 教学任务
		2.2.1.5 科研项目

续表

维度	诊断点	观测点
	2.2.2 专业带头人成果与荣誉	2.2.2.1 论文发表
		2.2.2.2 课题研究
		2.2.2.3 获奖情况
	2.2.3 教师团队数量结构	2.2.3.1 师生比例
		2.2.3.2 学历比例
		2.2.3.3 双师比例
		2.2.3.4 职称比例
		2.2.3.5 兼职教师
	2.2.4 专业教师能力素质	2.2.4.1 课题研究
		2.2.4.2 比赛竞赛
	2.2.5 专业教师发展	2.2.5.1 制度
		2.2.5.2 企业实践
		2.2.5.3 信息化技术
		2.2.5.4 培训
2.3 课程保证力	2.3.1 教学模式与成效	2.3.1.1 教学改革
		2.3.1.2 课程教学
		2.3.1.3 教学资源
		2.3.1.4 考核通过率
		2.3.1.5 教学模式
	2.3.2 课程设置	2.3.2.1 课程体系
		2.3.2.2 产教融合
		2.3.2.3 岗位能力
	2.3.3 课程标准	2.3.3.1 内容定位
		2.3.3.2 国际标准
		2.3.3.3 标准输出
		2.3.3.4 企业参与
	2.3.4 课程资源	2.3.4.1 课程资源
		2.3.4.2 国际教学资源

续表

维度	诊断点	观测点
		2.3.4.3 线上课程资源
		2.3.4.4 教材编写
		2.3.4.5 教材选用
		2.3.4.6 网络学习条件
	2.3.5 课堂建设内容与成效	2.3.5.1 教学内容
		2.3.5.2 教学方法
		2.3.5.3 考核方式
	2.3.6 校内实训基地	2.3.6.1 基地数量及条件
		2.3.6.2 建设方式
		2.3.6.3 国际合作
		2.3.6.4 管理制度
	2.3.7 校外实习实训基地	2.3.7.1 基地数量
		2.3.7.2 管理制定
2.4 就业竞争力	2.4.1 学生综合素质	2.4.1.1 参赛获奖
		2.4.1.2 毕业生
		2.4.1.3 社团活动
		2.4.1.4 1+x 证书
	2.4.2 学生就业与创业	2.4.2.1 就业率
		2.4.2.2 就业对口率
		2.4.2.3 就业协议签订率
		2.4.2.4 就业满意度
		2.4.2.5 创新创业
2.5 社会影响力	2.5.1 继续教育、培训及社会服务	2.5.1.1 职业教育培训
		2.5.1.2 横向课题
		2.5.1.3 社会服务
		2.5.1.4 社会培训
		2.5.1.5 国际培训
	2.5.2 国际影响力	2.5.2.1 国外留学

续表

维度	诊断点	观测点
		2.5.2.2 国外培训
		2.5.2.3 国外任职任教
		2.5.2.4 国际论坛
		2.5.2.5 国际就业
		2.5.2.6 国际合作
	2.5.3 技术服务与研发	2.5.3.1 技术服务
		2.5.3.2 发明专利
		2.5.3.3 资源应用
		2.5.3.4 资源开放

三 课程建设五度标准指标

在课程层面，体现"以学生为中心"的宗旨，构建"课程建设五度"模型（见表 3–3）。结合岗位要求和人才培养目标，形成具体的课程标准，根据职业岗位的知识、能力、素质结构的要求，围绕课程与岗位的融合度，开展课程内容教学以及教学资源建设，合理设置课程教学团队，创新教学方法，改革考核评价方式，并不断优化、提高课程教学质量。

表 3–3 "SPADE"模型课程层面指标

维度	诊断点	观测点
3.1 符合度	3.1.1 符合人才培养目标	3.1.1.1 课程设置
		3.1.1.2 课程内容
	3.1.2 符合教学标准	3.1.2.1 专业教学标准
		3.1.2.2 课程标准
		3.1.2.3 岗位标准
	3.1.3 符合学生成长需求	3.1.3.1 思想品德
		3.1.3.2 职业能力
		3.1.3.3 知识传授

续表

维度	诊断点	观测点
	3.1.4 符合岗位需要	3.1.4.1 岗位能力
		3.1.4.2 岗位知识
		3.1.4.3 实训条件
3.2 完整度	3.2.1 课程团队完整	3.2.1.1 职称结构
		3.2.1.2 年龄结构
		3.2.1.3 双师结构
		3.2.1.4 学历结构
		3.2.1.5 企业实践
	3.2.2 教学方案完整	3.2.2.1 教学计划
		3.2.2.2 实施方案
		3.2.2.3 教学进度
	3.2.3 教学环节完整	3.2.3.1 教学设计
		3.2.3.2 教学手段
		3.2.3.3 学情分析
		3.2.3.4 教学评价
	3.2.4 课程资源完整	3.2.4.1 教材
		3.2.4.2 电子教学资源
		3.2.4.3 试题库及习题库
3.3 满意度	3.3.1 学生满意度	3.3.1.1 师德师风
		3.3.1.2 课堂教学
		3.3.1.3 课外互动
		3.3.1.4 学习效果
	3.3.2 教师满意度	3.3.2.1 课程资源
		3.3.2.2 授课条件
		3.3.2.3 网络教学平台
	3.3.3 企业满意度	3.3.3.1 课程开发
		3.3.3.2 课程实施
		3.3.3.3 课程内容

续表

维度	诊断点	观测点
	3.3.4 社会满意度	3.3.4.1 开放度
		3.3.4.2 共享度
		3.3.4.3 服务度
3.4 创新度	3.4.1 建设模式创新	3.4.1.1 建设主体
		3.4.1.2 新技术
		3.4.1.3 国际合作
	3.4.2 课程内容创新	3.4.2.1 课程思政
		3.4.2.2 证书
		3.4.2.3 技能赛项
		3.4.2.4 新体例教材
	3.4.3 教学模式创新	3.4.3.1 校企合作
		3.4.3.2 教学与实训
		3.4.3.3 知识及能力
	3.4.4 考核方式创新	3.4.4.1 考核方式
		3.4.4.2 考核依据
		3.4.4.3 企业考核
		3.4.4.4 考核内容
3.5 达成度	3.5.1 规划达成	3.5.1.1 计划达成
		3.5.1.2 方案达成
		3.5.1.3 诊断与改进
	3.5.2 质量达成	3.5.2.1 参赛
		3.5.2.2 评价
		3.5.2.3 评学
		3.5.2.4 学生成绩
	3.5.3 成效达成	3.5.3.1 示范效果
		3.5.3.2 教改立项
		3.5.3.3 国际认可

四 教师发展五特标准指标

在教师层面，根据教师发展成长规律，构建“教师发展五特”模型（见表 3–4）。以师德建设为中心、围绕教学能力、科研能力、实践能力、管理和服务能力等方面建立教师评价标准，引导教师将个人职业发展与学生成长成才、学校长远发展紧密联系起来，建立教师评价标准体系，形成国家、省级、院级教学名师、双师、大师的成长机制。

表 3–4 “SPADE”模型教师层面指标

维度	诊断点	观测点
4.1 育人情操特高	4.1.1 师德师风	4.1.1.1 教师职业行为
		4.1.1.2 以德施教
		4.1.1.3 为人师表
	4.1.2 教育情怀	4.1.2.1 爱岗敬业
		4.1.2.2 奉献精神
		4.1.2.3 工匠精神
4.2 教学能力特强	4.2.1 教学设计能力	4.2.1.1 教学内容
		4.2.1.2 过程设计
		4.2.1.3 教学环节
		4.2.1.4 课程标准
		4.2.1.5 教学方法
	4.2.2 教学组织能力	4.2.2.1 学生到课率
		4.2.2.2 学生评价
		4.2.2.3 教学重难点
		4.2.2.4 课外实践
	4.2.3 教学执行能力	4.2.3.1 教学进度
		4.2.3.2 教学活动
		4.2.3.3 教学过程
		4.2.3.4 教学语言
	4.2.4 技能应用能力	4.2.4.1 教学手段
		4.2.4.2 技能训练

续表

维度	诊断点	观测点
		4.2.4.3 信息技术手段
	4.2.5 整合能力	4.2.5.1 校企协同育人
		4.2.5.2 教学技能比赛
		4.2.5.3 指导学生参赛
4.3 科研能力特优	4.3.1 创新思维	4.3.1.1 技术研发
		4.3.1.2 技术服务
		4.3.1.3 创新创业团队
	4.3.2 科研水平	4.3.2.1 论文著作
		4.3.2.2 科研课题
		4.3.2.3 专利发明
		4.3.2.4 荣誉与获奖
	4.3.3 成果推广	4.3.3.1 科研成果转化
		4.3.3.2 社会与经济效益
	4.3.4 团队协作	4.3.4.1 双师型团队
		4.3.4.2 团队精神
4.4 教师魅力特有	4.4.1 职业素养	4.4.1.1 教师资格证
		4.4.1.2 专业技术职称
		4.4.1.3 职业资格证书
		4.4.1.4 国际化视野
	4.4.2 扎实学识	4.4.2.1 专业知识
		4.4.2.2 专业技能
		4.4.2.3 继续教育
	4.4.3 影响力	4.4.3.1 媒体报道
		4.4.3.2 学术团体
		4.4.3.3 社会服务
	4.4.4 感染力	4.4.4.1 立德感染力
		4.4.4.2 授课感染力
		4.4.4.3 课外感染力

续表

维度	诊断点	观测点
4.5 仁爱之心特显	4.5.1 仁心	4.5.1.1 脱贫攻坚
		4.5.1.2 帮扶行动
	4.5.2 爱心	4.5.2.1 志愿服务
		4.5.2.2 公益活动
	4.5.3 耐心	4.5.3.1 答疑解惑
		4.5.3.2 学习辅导
	4.5.4 细心	4.5.4.1 课内指导
		4.5.4.2 学生身心健康
		4.5.4.3 课外交流

五 学生成长五到标准指标

在学生层面，以“立德树人”为核心，构建“学生成长五到”模型（见表 3–5）。以“立德树人”为根本，综合考虑学生全面发展、学习生涯、职业生涯、个性成长等要素，制定学生综合评价标准，涵盖学业职业能力、思想政治素质与身心健康素质等学生全面发展标准，提高人才培养质量。

表 3–5 “SPADE”模型学生层面指标

维度	诊断点	观测点
5.1 知识学到	5.1.1 专业知识	5.1.1.1 专业基础知识
		5.1.1.2 专业核心知识
		5.1.1.3 专业拓展知识
	5.1.2 社科知识	5.1.2.1 思想政治理论知识
		5.1.2.2 科学文化基础知识
		5.1.2.3 政治、经济、文化、历史等相关知识
	5.1.3 人文知识	5.1.3.1 中华优秀传统文化知识
		5.1.3.2 与本专业相关的法律法规以及环境保护知识
		5.1.3.3 中国传统商业文化和世界经济发展趋势

续表

维度	诊断点	观测点
5.2 技能习到	5.2.1 专业能力	5.2.1.1 专业基础能力
		5.2.1.2 专业核心能力
		5.2.1.3 专业拓展能力
	5.2.2 社会能力	5.2.2.1 服务社会能力
		5.2.2.2 社会交往能力
		5.2.2.3 团队协作能力
	5.2.3 方法能力	5.2.3.1 语言交流能力
		5.2.3.2 计算机应用能力
		5.2.3.3 艺术鉴赏能力
		5.2.3.4 时间管理能力
		5.2.3.5 自我管理能力
5.3 素质修到	5.3.1 价值观	5.3.1.1 爱国精神
		5.3.1.2 遵纪守法
		5.3.1.3 劳动态度
		5.3.1.4 诚信友善
	5.3.2 职业素养	5.3.2.1 工匠精神
		5.3.2.2 社会适应能力
		5.3.2.3 爱岗敬业
		5.3.2.4 职业道德
		5.3.2.5 社会责任感和使命感
	5.3.3 身体素质	5.3.3.1 运动技能
		5.3.3.2 体测成绩
		5.3.3.3 体育活动
		5.3.3.4 体育竞赛
	5.3.4 心理素质	5.3.4.1 品格
		5.3.4.2 态度

续表

维度	诊断点	观测点
5.4 情商悟到	5.4.1 交际能力	5.4.1.1 领导能力
		5.4.1.2 沟通协调能力
		5.4.1.3 同理心和换位思考
		5.4.1.4 参加学校社团情况
	5.4.2 健康人格	5.4.2.1 心理状态
		5.4.2.2 感恩之心
		5.4.2.3 担当精神
	5.4.3 情绪管理	5.4.3.1 情绪认识
		5.4.3.2 情绪控制
		5.4.3.3 问题处理
	5.4.4 内驱力	5.4.4.1 终身学习意识
		5.4.4.2 自我激励能力
		5.4.4.3 可持续发展力
5.5 胆商练到	5.5.1 创新创业	5.5.1.1 创业实践
		5.5.1.2 创新创业大赛
		5.5.1.3 自主创业
	5.5.2 竞争意识	5.5.2.1 比赛
		5.5.2.2 荣誉
	5.5.3 逆境处理	5.5.3.1 危机应对能力
		5.5.3.2 受挫能力
	5.5.4 冒险精神	5.5.4.1 挑战精神
		5.5.4.2 参军入伍、支援西部及贫困地区建设
		5.5.4.3 见义勇为

3.3 五维质量保证体系构建

一 构建路径

自2017年开始，教育部大力推进“新工科”科研项目，复旦大学、天津大学等国内高校相继开展“新工科”建设。随着经济社会发展、科学技术进步、商业环境变迁、商业模式、商业业态甚至形态的升级，针对“新商科”建设的研讨多次开展，商科教育的模式、内容、过程、评价等也应相应改变，以应对新时代、新技术、新业态。比如，新技术改变了商业环境，传统商科教育已经不能满足“互联网+”时代的需要，为了适应现代商务环境的要求，为了适应数字经济快速发展对企业生产经营方式、商业模式的影响，商科教育需要与人工智能、计量经济学、数据分析等学科交叉融合。因此，商科教育必须紧跟时代，定位明确，专业设置合理，课程体系科学，教学模式有效，人才培养标准清晰。这就要求商科院校紧跟时代发展，更新教育理念，构建商科类院校质量保证体系，提高人才培养质量。

»» 1. 领导有力，全员参与

ISO9000质量管理理论明确指出，质量管理体系是否有效和高效，最高管理者的领导作用是其中至关重要的因素，此外，最高管理者的积极参与和承诺，也很重要。质量管理体系的构建和运行应充分考虑相关方的利益。戴明认为，过程设计不良和组织管理不力在各种质量问题中占据绝大部分，这些问题都存在一个共性，那就是都涉及组织的管理者，由此可见，做好质量管理，就不能不考虑如何去提高管理者素质。就高等职业院校而言，学校领导应加强对质量保证工作管理，针对商科院校的自身情况，系统推进质量保证体系建设工作。构建并不断优化质量保证体系，需要做到强化全员质量意识、落实全员质量责任、提高全员质量能力，质量是学校的生命线，是学生、教师、教辅和教学管理人员共同的责任。

»» 2. 完善制度，形成文化

夸美纽斯对学校制度的重要性进行了深入的阐述，并指出学校一切工作的“灵魂”在于制度，制度一旦发生动摇，一切都会跟着动摇；同样，如果制度出现松垮，一切也就跟着发生松垮和混乱。蒋冀聘认为，制度的合理性、适应性和优越性决定着一所高等学校办学是否成功，制度是什么样的，其教育质量就是什么样的，教育质量的高低都是由其制度所造成的。质量保证体系是一个制度综合体，质量保证方案、标准、执行以及反馈情况和管理制度都关系着质量保证体系的构建和运行情况，因此，需要进一步完善适合商科院校的质量保证制度，明确标准、规范、诊断和改进的全方位、系统性管理制度，并且可复制、可借鉴、可推广。在完善制度的基础上，形成深入人心的质量文化，从根本上建立起提高质量的长效保证机制。

》》》3. 控制过程，反馈结果

“质量是生产出来的，不是检查出来的。”意思是说，产品质量好坏取决于其生产过程，光靠检查是不能决定质量好坏的，因此，高职院校要想做好质量工作，在质量保证体系的建设中一定要在控制过程方面下足功夫。一方面，要对工作过程有一个明确规范，尤其是弄清楚过程的关键环节，在此基础上，认真制定并不断完善关键环节的质量标准，同时要动态制定或修订相关管理制度，以保证过程的科学性和合理性。另一方面，要合理设置质量监测点，实施全程、全方位的过程监控，及时发现各种可能影响质量的问题，并及时采取纠正措施，保证质量标准的落实，输出评价结果，支撑系统改进提高。

二 “SPADE”五维质量保证体系

根据教育部发布《高等职业院校内部质量保证体系诊断与改进指导方案（试行）》（教职成司函〔2015〕168号）要求，在职业院校推进内部质量保证体系工作，提升职业院校教育质量的自我保证能力，承担保证教学质量的主体责任，提高人才培养质量，是职业院校面临的重大问题。职业院校是职业教育教学质量体系的主体，应当主导开展质量管理活动体系，以具体的专业为载体，以服务区域经济发展为导向，以学生成长成才为中心，开发及实施一系列相互关联且系统化的课程体系，从而高质量实现人才培养职能。以内部质量保证体系的构建及发展为主线，通过对教学工作全员、全方位、全过程的不断“自我诊断与改进”，有效推动教学质量和人才培养水平的持续提高。科学合理地构建诊改模型，对职业院校内部质量保证体系的建设无疑具有重要的意义及指导作用。

广西国际商务职业技术学院以全面质量管理思想为指导，按照“学生中心，目标导向，持续改进”的理念，坚持目标性、系统性、动态性、开放性、操作性以及针对性的原则，沿着“领导有力，全员参与—完善制度，形成文化—控制过程，反馈结果”的路径，通过完善标准体系和制度体系，建立实施体系，形成保证体系，全面推进质量建设，搭建了预警功能和激励作用的“五纵五横一平台”内部质量保证体系（如图3-3），实施“8字形质量改进螺旋”。遵循教学、管理、服务三条主线，不断建设及完善相关机制，充分发挥学校、政府、行业、用人单位、学生及家长、社会机构等多元主体的责任作用，注重全流程监控，聚焦重点部位及关键环节，加强过程管理，开展从进口到出口人才培养的全过程质量诊改工作，学校内部质量治理框架涵盖全员、全过程、全方位，做到“全覆盖”，在顶层设计层面就把内部质量管理体系的“真空”与“缺失”彻底消灭。

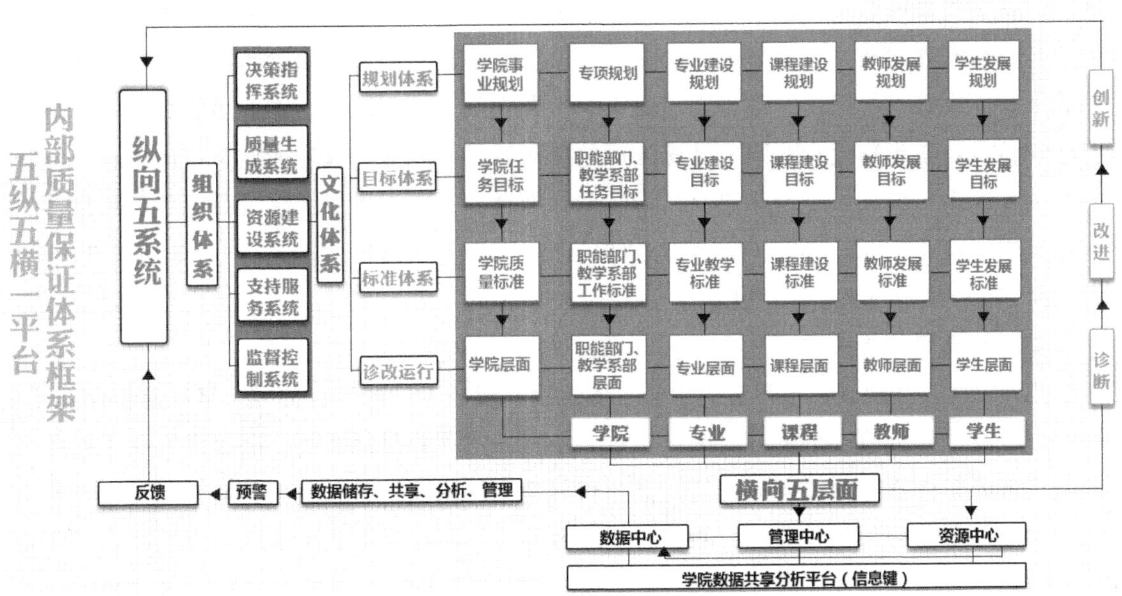

图 3-3“五纵五横一平台”内部质量保证体系框架

》》》1. 以“五横”为纬，实施质量保证多层面开展

“五横”是内部质量保证体系中五个不同的开展层面，即学校、专业、课程、教师、学生。高职院校内部质量保证体系诊改需要高校明确自身的主体地位，发挥主体作用。广西国际商务职业技术学院开展诊改工作，强调学院在人才培养过程中占据的主要位置，在人才培养的各个环节力求将诊改工作融入常规工作，实现诊改“常态化”。在理念上，院校从领导层到师生个人都从内心认可和接受诊改，在积极探索的基础上展开诊改行动。“SPADE”五维质量保证模型本身就取自学校、专业、课程、教师、学生这五个诊改层面，其核心要求为“重（Emphasize）、力（Power）、度（Dimension）、特（Special）、到（Achievement）”的英文单词首写字母的组合。

① 在学校层面开展诊改

在学校方面，应围绕学校发展目标，明确开展质量保证工作的总体要求，构建全面质量保证建设理念，对学校发展能力和人才培养质量进行全面诊改。广西国际商务职业技术学院注重统筹性，一方面，从学校的办学定位和长远发展目标出发，秉持质量立校理念，强化目标链和标准链打造，构建及完善“8 字形质量改进螺旋”运行机制，促进学校建立独立的自我质量保证机制，促使各项诊改工作的有效运行和科学管理；另一方面，加快智能化信息平台建设，提升源头数据收集能力，不断优化数据来源，做好数据采集与数据平台数据的整理和分析工作，加强诊改工作的及时性、有效性和科学性。

② 在专业层面开展诊改

在专业方面，首先要完善专业设置条件及标准，专业设置要充分考虑所处区域重点产业的升级与发展的需要，将产业发展对人才技能需求的更新体现在学校人才培养过程中，构建专业发展与产业发展紧密联动机制，形成命运共同体，以产教融合为手段，以服务地方区域经济发展为宗旨，培养高素质技术技能人才。从“五纵”入手建立内部质量诊断与改进控制体系。在此基础上建立决策指挥系统，基于国家政策、企业发展、教师队伍、毕业生的就业状况、第三方单位评价以及学生理论和实践成绩等方面的调研结果，充分评价专业质量情况，并及时根据相关评估情况作出调整。以专业建设目标链和标准链为抓手，将专业建设目标任务层层落实以确保建设质量和目标达成，同时基于状态数据分析，实施专业考核性诊断，对专业质量开展分析，依据诊断结果，实施专业动态优化调整。

③ 在课程层面开展诊改

在课程方面，体现以“学习者为中心”的宗旨，形成专门的课程标准，高度重视课程开发、课程实施以及课程反馈三个阶段的课程质量，根据人才培养目标需要，课程内容除了要考虑培养学生一般的职业素养和专业能力外，更要培养学生的国际视野、创新创造力、沟通及跨文化交际能力、终身学习和职业发展的能力、领导力等，从而提高毕业生的社会适应能力。一是完善目标体系，明确建成现代商务特色鲜明的国际化高等职业教育强校的目标，顺应新时代发展的需要，打造智慧商科立体专业群。二是建立标准体系，制定了一系列的课程相关标准。三是健全制度体系，修订完善了《广西国际商务职业技术学院网络教学课程管理办法（试行）》等课程建设和管理方面的规章制度。四是以人才培养数据平台采集工作推进质量诊改，根据大数据分析发现学院教学质量、管理质量的存在问题，加强数据深度应用，为推动学校课程诊改工作提供强有力支撑。

④ 在教师层面开展诊改

在教师方面，根据教师发展成长规律，从师德师风、教学能力、科研能力、职业素养和家国情怀等五个方面关注职业发展和自我成长，鼓励教师多途径贴近行业、走进企业，建设一支数量充足、结构合理、适应职业教育发展需要的教师队伍。学校以落实立德树人根本任务为己任，坚持“以学生为中心”，彰显商科院校职业特征，综合考虑教师教书育人能力，开展质量诊改工作。首先，从五个维度建立教师发展的诊改标准，系统设计激励提升机制，完善薪酬制度，设立不同形式的鼓励政策；同时，不断增加教师提升自身知识和能力的意识。其次，以信息化平台为支撑，利用大数据记录教师个人发展，促使教师牢固掌握专业知识，提高教师专业能力以及促进教师专业成长。

⑤ 在学生层面开展诊改

在学生方面，商科学生从事某种职业应具备综合商业技能，主要包括学生入职企业后需要的专业技能素养、职业技能素质、职业生涯管理能力等。通过专业学习，学生应具备自主学习能力、信息技术应用能力、工作规划能力、沟通表达能力、团队协作能力、创新创业能力、职业态度等综合能力。学校应通过综合评价的方式，对学生的培养质量进行全面评价，包括专业知识掌握情况、专业技能实操情况、职业素养综合情况等，判断学生是否达到专业人才培养目标。学校有效借助信息化管理平台，完善机制建设。首先，开展学生状态数据分析，对学生相关一系列工作进行自测诊断，由教学管理部门、学生管理部门、教学单位、心理咨询室等多个单位协同开展，多方式、多角度对学生开展调查分析，保证了数据的全面合理，并由专业人员对采集数据进行科学分析，形成诊断意见。继而开展改进，畅通学生意见反馈渠道，对于所涉问题，相关部门作出解决承诺，限期完结，为学生营造良好的学习与生活环境。最后，完善健全各类机制，包含学生管理机制、学生评价机制、应急工作运行机制、心理教育机制等多方面机制，形成学生层面诊改常态，为学生成长营造良好环境。

》》》2. 以“五纵”为经，深挖质量保证体系构建深度

“五纵”是指质量保证体系运行的五个步骤，即决策指挥、质量生成、资源建设、支持服务、监督控制。五个步骤需要落实到教育教学过程中的每一个质量环节，职能部门及二级学院相互配合，达到学校办学质量、专业建设质量、课程建设质量、师资建设质量、学生工作质量齐头并进的效果，建立起系统的质量保证体系。

① 决策指挥

学校加强各个层面的建设规划，“SPADE”五维质量保证体系兼顾了科学性、合理性、明确性、指导性、可操作性、可持续性。一是加强学校的整体事业发展规划，明确办学定位、找准发展目标、拟定战略举措、着手实施建设等方式是否符合学校的战略发展需要。二是加强学院各项事业发展的专项规划，包含学校党的建设、专业建设、师资发展、国际交流与合作、科研工作、社会服务、校园建设等各大战略性专项工作。三是加强专业建设规划，突出办学特色和优势，服务地方产业发展，以“课程共融、师资共享、教学共育、基地共用、管理共通”为指导思想，加强专业群布局规划，调整专业群布局结构。四是加强课程建设规划，重新规划、整合专业群内课程。五是加强教师发展规划，合理提升教师的育人水平、专业教学能力、科研能力、个人魅力以及仁爱之心。六是加强学生发展规划建设，规划设计好第一、第二课堂，并有效衔接，全面培养学生专业知识、技术技能、道德品质、人文素养和社会竞争能力。

② 质量生成

教学质量生成论认为，教学活动是一个复杂的动态系统，教学质量生成受到系统内外诸多因素的影响，是许多复杂教学过程和环节的聚合与凝结。高职院校应当加强教学质量生成活动和环节的管理，在中外教育史上，比较有影响的教学质量生成的思想可以概括为三种模式，即教学质量的教师生成模式、教学质量的学生生成模式、教学质量的技术生成模式。但都有所偏颇，教学质量生成的因素是多方面的、复杂的，教学质量不是由某种单一因素生成，它是由几种因素综合生成的。“SPADE”五维质量保证体系从学校、专业、课程、教师、学生五个维度构建教学质量生成体系，打造目标链与标准链，与决策指挥精准对接，确保各项政策的实施运行。

③ 资源建设

资源建设是质量保证体系落实的物质条件基础。“SPADE”五维质量保证体系从不同层面全方面落实资源建设物质基础，学校层面做好社会资源建设、专业层面做好专业教学资源建设、

课程层面做好课程教学资源与实训资源建设、教师层面做好教学设施与工作场地建设、学生层面做好学习设施与生活场地建设。

④ **支持服务**

支持服务是质量保证体系落实的制度保障与服务措施。一是政策支持激励制度。完善实施高等职业院校招生计划安排、新专业备案、人事绩效考核的质量导向奖惩制度。对内部质量保证体系诊改“有效”的单位可适当增加招生计划安排，优先新专业备案，自主提高奖励性绩效工资金额等。反之，对内部质量保证体系诊改“异常”的教学单位要限期整改，并减少招生计划，暂停新专业备案，扣减奖励性绩效工资金额等。二是项目申报激励制度。完善实施高等职业院校在教学资源库建设、精品开放课程建设、教育教学改革研究、科技创新研究等项目申报的质量导向奖惩制度。对内部质量保证体系诊改“有效”的部门应当适当增加前述项目的申请计划数量。对内部质量保证体系诊改“异常”的部门要限期整改，并减少前述项目的申请计划数量。

⑤ **监督控制**

监督控制是质量保证体系的反馈改进环节，是质量保证体系成为闭环，落实质量诊断与改进的常态化的重要环节。一是建立健全内部质量全程监控体系，主要包括课堂教学监控、实验实习监控、顶岗实习监控等。二是建立健全内部质量多元评估体系，主要包括教师同行评价、学生评课评教、教学督导评价、行业企业评价、独立第三方评价等。三是建立健全内部质量定期发布制度，主要包括院校年度人才培养质量报告、院校就业创业质量报告、二级学院人才培养质量报告、各专业人才培养质量报告等。四是建立健全内部质量绩效激励制度，主要包括内部质量绩效考核制度、内部质量奖励制度等。学校层面，建立信息监测分析机制、质量预警制度与诊改工作制度；专业层面，生成专业预警机制，形成常态化专业诊改制度；课程层面，开展课程诊断与改进工作；教师层面，针对师德师风、教学能力、服务能力等方面，开展全面诊改；学生层面，对专业知识、技术技能、道德品质、人文素养和社会竞争能力等多方面开展诊改。最终，从学校、专业、课程、教师、学生五个层面生成各自年度质量报告，用于调整改进。

》》》3. 打造“8 字形”螺旋

学校为准确把握内部质量保证体系建设内涵，在内部质量保证体系建设完成的基础上，按照“目标—标准—实施—诊改”的流程，正式对“学校、专业、课程、教师和学生”五大层面实施“8 字形”螺旋诊改（如图 3-4）并形成《内部质量保证体系自我诊断报告》。通过自我诊断，直面当前问题，分析问题成因，拟定改进措施，为学校系统化、全方位开展内部质量保证体系诊断与改进工作提供参考方向。

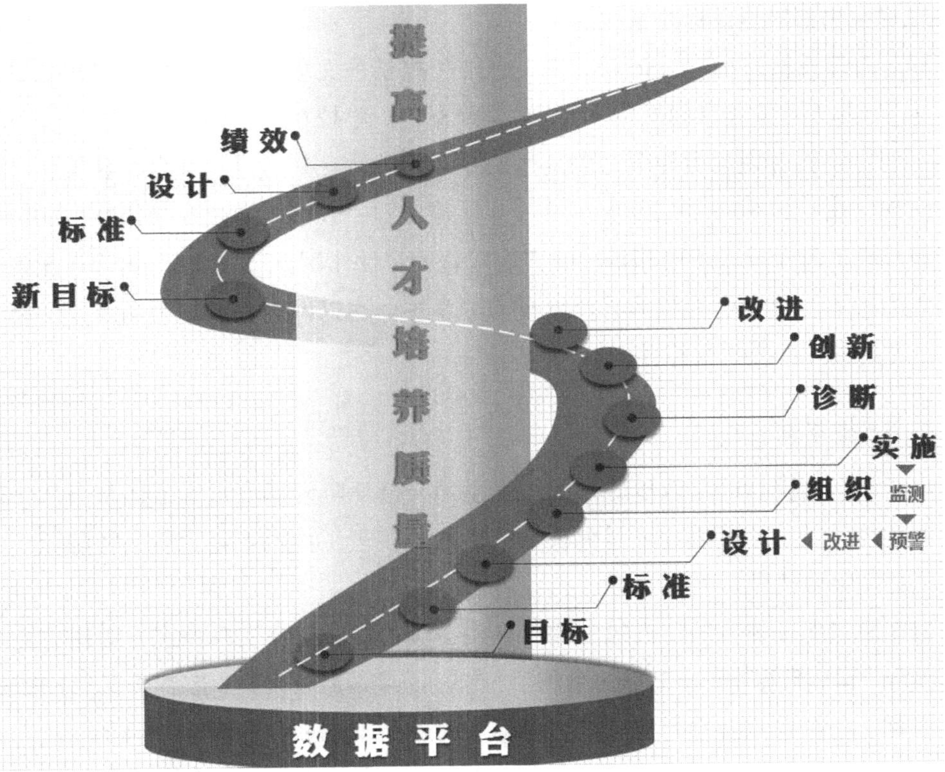

图 3-4“8 字形”螺旋诊改示意图

》》》4. 打造“目标体系”与“标准体系”

职业教育作为与普通教育不同类型的教育，主要培养为区域经济社会发展的应用型技术技能人才，在构建高职院校内部质量保证体系诊改模型时，高职院校要牢牢确定人才培养目标的唯一内核地位，也就是说，必须把学生的成长成才作为办学的出发点和落脚点，同时构建出与高职院校办学定位和人才培养目标相吻合的目标链与标准链。

① 建立健全质量保证标准体系

建立健全质量保证标准体系，主要包含质量标准纲要、师资条件标准、专业教学标准、课程教学标准、实践教学标准等。广西国际商务职业技术学院建立的内部质量保证体系坚持“以学生为中心”的理念，逐步从“对口”走向“适应”。“对口”是指根据岗位需要制定人才培养目标和基本规格；“适应”则更加注重对学生基础文化素养、职业精神等非认知能力与态度的培养，进一步强调毕业生适应社会和行业发展，技术更新的需求。学校通过平衡通识教育与专业教育，要构建与之相适应的支持型学习环境，加强对学生综合性培养、实践性培养、个体性培养，重视对学生学习兴趣、学习时间、学习方式的研究，促进学生综合能力和素质提高，增强毕业生对经济社会发展的适应性。

② 建立健全内部质量目标体系

建立健全内部质量目标定位体系，主要包括院校精神文化价值、办学思想理念、办学定位和发展目标、专业人才培养目标规格、课程教学目标等。学校在“一切为了学生，为了一切学生，为了学生一切”的教育理念指导下，以具体的专业为载体，并通过一系列相互关联且系统化的课程体系实现，指导教师教学以及学生学习，使得课程、教师、学生互相依存，共同决定着教学的质量和效果，对专业人才培养目标的实现起着决定性作用。“SPADE”内部质量保证体系遵循“以学生为中心，以专业为载体，以学校为办学主体，以课程和教师为两翼”的路径，建立多维度、全方位的内部质量目标体系。

》》》5. 诊改平台

信息化建设是学院诊断与改进工作的强大助力，给学院内部质量保证体系高效化运行提供技术支撑和数据支持。为使内部质量保证体系诊断与改进工作再上新台阶，学院积极推进开展诊改信息化管理平台建设。

按照内部质量保证体系的“五纵五横”架构，学校结合自身实际情况，对原有业务平台进行再造和整合，建成数据中心，对状态数据进行即时采集、源头采集、信息共享，实现数据分析、改进过程管理、数据监测及预警等功能，能够实时掌握动态和分析人才培养工作状态，分析判断发展变化趋势，为学院内涵建设和常态化诊改工作提供全面、即时可靠的数据参考。以信息化平台为基础和载体，打通各个层级管理系统之间的相互关系，形成纵横交错网络化的内部质量保证体系，推动各项诊断与改进工作提质增效。

》》》6. 构建质量文化体系

在学校内部质量保证体系的建构中，质量制度的建立、质量诊断与改进工作的开展起着直接而重要的作用，然而，要激发院校质量提升的内生动力，真正促进教育质量的发展和提高，还需建立深入人心、形成共识的“质量文化”。“SPADE”五维质量保证体系通过学校、专业、课程、教师、学生多层级开展诊改工作，创设质量保证意识的文化氛围，培养全体人员的质量文化，增强质量保证意识，深刻认识到自己是学校质量保证工作中的重要主体，从而为高职院校内部质量保证体系的建设夯实精神保障基础，主动适应社会需求与人的全面发展需求。对于质量文化的塑造与发展，主要有以下几个方面工作：

① 树立多元质量观

建立科学的质量生成观与主体观是学校开展质量诊改工作的遵循逻辑，更是实现诊改目的的现实诉求。质量生成观是指任何诊改制度的设计，如目标链和标准链的打造、学校各层管理系统的建设、信息化平台的建设等都需在学校基本现实基础以及师生的需求基础上制定，并且要符合社会需求、学校自身发展水平、教育教学管理规律以及师生身心发展特点。质量主体观指在诊改工作中，把责任落实到高职院校每个部门、每个工作人员以及每位师生身上，要做到每个人职责明确。

"SPADE"五维质量保证体系充分调动各类诊改实施主体责任，形成生成观与主体观。并将质量管理的责任落实到每个部门和每一个人，积极引导教师、学生、部分基层工作人员等利益相关者转变管理理念，形成"事事有人管，全程有人管"的良好局面，由传统的"对上负责""向下管理"理念转变为"向上管理""对下负责"理念，树立现代质量文化观。

② 全面构建质量文化认同的长效机制

"SPADE"五维质量保证体系坚持以学生为中心，面向全体学生的学习成长成才，建设形成持续改进的质量文化，主动接受政府、行企组织、学生校友、家长以及第三方评估机构的质量评估。建立健全院校质量文化体系，树立质量思想观念，建立质量任务目标，提升质量责任意识，营造质量环境氛围，建立健全质量保证体制机制与质量保证制度等。

》》》7. 凝聚力量，夯实责任

"SPADE"五维质量保证体系凝聚多方力量，激发学校、教师、学生多方主体责任，积极落实政府主导的质量评估制度，引入第三方机构实施评估，真正实现全员、全过程、全方位育人。

① 完善院校主体的质量保证制度。全面落实学校自主实施质量保证的责任，强化内部质量保证责任制度。"SPADE"五维质量保证体系建立起包含院校党委行政领导班子及成员责任、职能处室监管支持责任、院系实施主体责任、教师学生自身责任等在内的全方位的内部质量主体责任体系，将教育质量保证变成学校与师生的自觉行为。

② 落实教师责任。全面落实教师自觉履行质量保证工作的责任。校领导要带头参与教育教学质量保证体系诊改工作，充分发挥以上率下的示范性作用；学校各职能处室干部、院系班子成员带头落实教育教学质量保证责任；质量保证机构管理工作人员在教育教学质量保证指导督查中的权威性作用；学科带头人、专业带头人和骨干教师在教育教学质量保证实施反馈改进中的基础性作用，做到严谨治学、为人师表、传道授业，严格遵守教学管理制度、考试制度，维护学校教学秩序，主动负责地抓好各类教学组织实施、考核评价，经常与学生面对面辅导交流，认真听取学生反馈意见，积极改革教学方法，提高教学水平质量。

③ 学生自律支持质量保证的责任。全面落实学生自律支持质量保证的责任。"SPADE"五维质量保证体系建立健全学生服务系统，提高学生在质量保证中的地位，公正平等对待学生的质量利益诉求，经常性、即时式、多渠道、多方式收集处理学生的评教意见。培养学生爱国敬业、德技并重、知行合一、学思结合，严格遵守教学管理制度、教学评价制度和考试制度，维护学校教学生活秩序，主动配合、客观公正地做好各类教学评价，负责任地向学校和教师提出教学改进的合理化建议。

④ 夯实第三方参与的评估机制。建立健全独立的第三方质量诊断评估制度。为更好地提升人才培养水平，学院在"专业"和"课程"两大层面的诊断与改进工作上下狠功夫，不仅强调内部的自我诊改，更是力求全面，积极引进第三方机构强化诊断。结合学院"SPADE"诊改模型，从专业五"力"和课程五"度"出发，通过第三方机构，对学院跨境商务、现代流通、新

旅游业态等专业群及专业群课程,以及“1+N+X”专业建设模式中所有核心专业和相关专业课程,开展了全方位专业诊断,并形成多个专业的 2019 年度诊改报告。学院以“自我诊断为主,外部诊断为辅”的方式,更好地促进了“专业”和“课程”两大层面诊断与改进工作的客观性和全面性。

第四章

“SPADE”体系下商科专业群发展探索

4.1 专业群发展方式与路径

一 高职院校专业结构现状及问题

对于高等职业教育，教育部在《教育部关于推进中等和高等职业教育协调发展的指导意见》（教职成〔2011〕9 号）中提出：高职教育要不断根据社会要求进行专业结构的调整，使其能适应区域产业需求和紧贴产业转型升级。与高等本科教育强调学科的系统性不同，作为国民教育体系中高等教育的一种类型和层次，高等职业教育需要更加突出职业针对性和职业技能培养，以更好实现其直接为区域经济服务，为地方培养高素质技能型专门人才的目标。目前我国的高职院校为社会培养了大量的高素质高技能的专门人才，为经济社会的发展提供了人才保障，但在专业设置和调整上仍然存在不少问题。

一是专业类别分布过于集中，专业设置趋同现象严重。有调研结果显示，制造、电子信息、财经、土建等四个大类的专业几乎在每个高职院校都有一定规模，从而造成严重的趋同现象，专业扎堆必然导致毕业生扎堆过剩，进而导致人才培养数量远远超过同期社会的有效需求。与此形成鲜明对比的是，那些相对冷门的专业却少有院校愿意花力气去设置，导致人才培养与社会需求出现脱节，出现毕业生难以就业与企业无法找到急需人才共同存在的局面。此外，专业雷同也进一步加剧了高职院校的同类竞争，资源配置不合理，难以适应行业与产业发展的现实需求。

二是专业稳定性差，难以取得好的综合效益。由于市场变化节奏快，变化幅度大，一些高职院校对于市场变化过于敏感，生怕错过热门专业的设置，导致专业的存废随意，专业设置变动频繁，整体稳定性差。具体表现为一些学校热衷于新设专业，重专业设置、轻专业建设的现象比比皆是。由于缺乏充分的论证，导致设置新专业的基础条件较差，具体表现为缺乏专业教师人数、“双师”素质教师严重不足、专业带头人缺乏或能力不强、实验实训条件无法满足人才培养需要，因为专业设置仓促，有的还出现专业培养目标不明确、人才培养方案不合理、课程标准不健全等问题。这些新专业的开设由于迎合社会追求新鲜热门职业的需要，对学生的吸引力大，但因其缺乏可持续发展能力，很难长久地稳定下来。在新专业不断新设的过程中，由于受教学资源无法快速增加的限制，必然就会冲击到原有专业的基础；新专业的开设不可避免地会分割传统优势专业的资源，导致新老专业都无法得到足够的资源。从而导致学校的各种办学资源分散，主体专业优势难以维持及发展，进而无法达到办学规模经济的要求，综合效益低。

三是专业之间的学科关联度低，优势专业无法做大做强。现行的专业分类是以职业岗位群或学科为依据的，而职业岗位或学科之间存在前后相关或交叉重叠的联系。依据这一标准，同一类型的各个专业之间资源共享、相互支撑与促进，从而形成专业群。但在办学实践中，不少院校却出现同一产业服务的专业或是同一大类的专业却分属于不同的院系；处于同一院系的专业，相互之间关联度极低，甚至是并行结构。从而使得教学资源的调整与共享出现障碍和困难，造成资源浪费，无法实现有效的资源配置。

二 专业设置及调整的影响因素及策略

》》》1. 基于专业周期理论的分析

专业周期理论的基本观点是：专业存在产生、发展和衰退阶段。它是一个诸如生命发展的过程。专业的生命周期一般分为 4 个阶段，为形成期、成长期、成熟期和衰退期。形成期是一个专业由潜在需求转化为现实需求的过程。成长期是一个专业快速发展的时期，期间，该专业的发展速度大大超过了整个专业系统的平均发展速度，市场需求明显扩大。成熟期是一个相对漫长的时期，其市场容量相对稳定，发展速度趋于平稳，专业建设趋于成熟。衰退期是指一个专业或其内涵无法适应经济社会发展、技术进步的要求，被新的专业所取代或被赋予新的内涵，其原有的专业或原有含义的作用逐渐减弱直至消亡。高职学校的专业结构并非一成不变，而是不断调整与变化。旧专业不断消亡，新专业不断产生，或者是旧专业仍然存在，但被赋予新内涵。

《广西教育事业发展“十四五”规划》提出:“教育服务和融入新发展格局能力显著增强。‘双一流’建设任务深入落实，建设一批国内同类一流的高校和学科。高校学科专业结构、人才培养结构与经济社会发展需求更加契合，各类人才创新创业能力不断增强。建立健全与新发展格局相适应的高质量科技创新发展机制，推动产学研用深度融合。教育空间布局更加优化，区域教育发展政策支持体系与协作体系更加健全,服务能力全面提升。教育开放合作进一步提质增效，更全方位、更宽领域、更多层次、更加主动的开放合作局面基本形成。”广西高职院校必须据此进行专业设置及调整，因此，要考虑如下的影响因素：一是要紧紧围绕经济发展方式转变进行专业设置及调整；二是要紧紧围绕加快现代工业建设和促进城镇化跨越式发展进行专业设置及调整；三是要根据需要加快新专业的设置以及对传统专业进行更新。

》》》2. 基于结构—功能理论的分析

结构—功能理论认为，结构与功能总是相互联系、不可分离的。功能，总是具有一定结构的系统的功能；而结构，也总是具有某种功能的系统的结构。结构的状况如何，影响着功能实现的可能。人们要赋予某一系统以新的功能，就必须部分地改变系统的结构。结构与功能相辅相成，互为前提。高等学校若干高职专业之间只有保持比较合理的结构，才能使各专业相互补充，相互完善，充分发挥专业群体功能大于单个专业功能的作用。相反，各个高职专业之间不能保持比较合理的结构，彼此冲突，互不协调，产生资源内耗。这就会导致专业群体功能小于单个专业功能的后果。

根据结构—功能理论，广西高职教育专业结构只有保持比较合理的结构，与广西经济社会结构相适应，高职教育专业结构才能充分发挥服务广西经济社会发展的功能。否则，广西高职教育就难以有效服务广西经济社会发展。所以，通过科学合理的专业设置及调整使广西高职教育专业结构实现不断调整和优化是必然的。因此，要考虑如下影响因素：一是要紧紧围绕广西经济社会发展对人才结构的需求变化进行专业设置及调整；二是要把广西高职院校作为一个有机整体考虑其专业设置及调整；三是要根据各高职院校的特色优势专业及其专业群的发展情况统筹专业的设置及调整。

》》》3. 基于万有和谐定律视角的分析

所谓万有和谐，是指世上万物都具有与其他所有事物处于一种和平共处的状态的属性。万有和谐定律指的是一切事物都要与其他事物处于和谐的状态之中，任何事物的产生、发展都是基于与其他事物和谐的需要。万有和谐定律显然包含着两个层面的含义：一是由于万有和谐的作用，所有事物都有和其他事物和谐相处的要求。另一含义是当事物发生变化时，其他事物也会作出反应，以达到新的和谐的要求。马克思指出，事物是普遍联系的，而且是不断发展变化的。当某些事物发生变化时，在万有和谐定律的作用之下，必然会引起其他事物的变化，从而达到新的和谐状态。这其中的原理，与物理学中的万有引力定律和惯性定律类似。万有引力定律指出，世界上任何物质之间都存在着相互作用的吸引力。惯性定律认为，在没有外力作用的情况下，任何事物都有保持惯性的特性；当有外力作用时，物体必然要对外力作出反应，但外力一旦消失，惯性定律将使物体保持在新的状态。

将万有和谐定律应用于高职院校的专业设置与调整，就是要求高职院校必须根据地方经济社会结构调整进行相应的调整，才能与不断变化的经济社会相和谐，也才能有效服务地方经济社会发展。当前，广西正处于新的发展阶段。为加快实现小康社会的奋斗目标，必须在科学发展观的指导下，与时俱进，培养符合广西经济社会发展需要的高素质的技术技能型专门人才。因此，要考虑如下影响因素：一是广西高职院校专业设置及调整如何与广西经济社会发展相和谐；二是广西高职院校专业设置及调整如何与人才需求结构变化相和谐；三是广西各高职院校之间如何实现专业设置及调整的和谐。

》》》4. 专业设置及调整的指导思想

一是高职院校的专业设置及调整要以经济社会发展的需要为导向。教育是一种社会现象，与经济、社会、政治、文化等各方面的发展紧密相关。任何教育活动，包括高职院校教育教学工作的方方面面，都不能脱离社会各种因素独立存在和发挥作用。因此，高职院校专业的设置和调整必须遵循主动适应社会的原则，根据经济社会发展情况和教育发展的规律进行判断和选择，为经济社会可持续发展发挥应有的作用。达到这一目标的重点就是高职院校要有自主办学的权力，全方位面向市场和经济社会发展，使得高职教育能够真正发挥对经济社会的能动影响作用。

二是高职院校的专业设置及调整要遵照全面素质教育的思想。长期以来，与我国其他省市高职教育一样，广西高职教育存在着重知识轻能力、重智育轻德育、重专业教育轻全面发展等现象，导致高职教育培养的人才质量不高。因此，广西的高职教育必须重视素质教育，使学生在知识、能力和素质等获得全面的发展。在进行专业的设置与调整时，从素质教育的角度出发，遵循“宽口径、厚基础、强能力、高素质”的思路和要求，才能为学生综合素质的提高创造条件。

三是高职院校的专业设置及调整要以规模、质量、结构、效益协调发展为基准。高职院校专业设置与调整应该坚持规模、质量、结构和效益的协调发展，具体体现在如下三个方面：一是专业的规模要合理。这里的规模主要指专业的布点数量以及专业的人才培养数量。合理的规模要以需求来确定，需求则由经济社会发展的需要来确定。二是必须优化专业结构。缺乏结构优化下的规模扩充，就会失去高职教育发展的目的性和人才培养的针对性。专业结构体系实质是人才培养的结构体系，不同专业所培养的学生应该保持一个怎样的结构和比例，既取决于教育自身的培养条件和培养能力，更取决于经济和社会发展的需要。三是专业的质量与效益要统一。质量与规模、结构、效益等存在着内在联系，只有既具备一定的投入条件和运作水平，同时结构又达到优化，才能取得好的效益，也才有质量的保障。

四是高职院校的专业设置及调整要以特色化为重点。专业的建设要体现出特色，必须有正确的学校定位，不考虑学校性质、特色、发展方向和重点，只是一味增加专业数量和扩大专业规模，是极其错误的做法。一所高职院校，不管其专业数量有多少，总要有核心类专业、优势类专业和特色类专业，新的专业设置必须考虑那些已经形成传统优势和特色的专业，为优势、特色专业增添力量，或者通过专业调整来形成优势专业、特色专业。

五是高职院校的专业设置及调整要遵循政府宏观调控与高校自主调整相结合。对于高职院校而言，政府与市场是缺一不可的。单独强调和重视哪一个，都会出现问题。一方面，由于政府的计划不可能考虑和顾及市场的方方面面，也不可能完全了解和掌握市场上的全部信息，所以，政府不应该过分限制高职院校的办学自主，必须给高职院校留出足够的发展空间。另一方面，也不能完全放任高职院校的自由发展。尽管作为个体的每一个学校的计划是健全的、信息是充分的，但单个学校的有组织、有计划却会造成整体的无组织、无计划，个别的自由发展导致整体的混乱。因此，只有政府的必要干预和高职院校的办学适度自主相结合，才能避免专业的盲目发展。

»»» 5. 专业设置及调整的策略

当前，广西正处于新的发展阶段。为加快实现经济社会新的奋斗目标，必须在习近平新时代中国特色社会主义思想的指导下，与时俱进，培养符合广西经济社会发展需要的高素质的技术技能型专门人才。要在专业设置和结构调整的科学指导思想下，科学设置广西高职专业，并对专业结构合理调整，以使广西高职院校的专业更加适应人才培养的需要，更符合广西经济社会发展的需要。

一是采取政府宏观调控与高职院校自主管理有机结合的策略。政府应转变职能，进一步落实高职院校专业设置和调整自主权，改变专业设置申报审批制度为真正意义上的学校自审、政府备案制度。高职院校根据社会要求、办学条件、办学优势自主设置和调整专业。

二是在专业结构调整中引入市场机制。要经常研究市场规律和市场对专门人才的需求，对市场需求专门人才的总体情况进行跟踪研究，从而确立科学的人才培养规模和结构。当前，广西经济和产业结构总的发展趋势是，第三产业将迅速崛起，容纳的劳动人口将不断增长。第二产业仍然是广西产业的主体构成，大力发展第二产业，实现广西的工业化和现代化，是现阶段的重要战略。面向第二产业，培养大批懂知识、高技能的应用型专门人才，仍然是广西高职教育的重要任务。第一产业的产值与从业人员虽然日益缩小，但必须不断提升其技术含量，走可持续发展的绿色农业现代化之路。因此，要根据广西经济社会发展的情况预测人才的总体规模、结构、变化趋势、提供的条件与可能性等，以减少人才培养的盲目性，为高职教育人才培养和专业结构调整提供决策依据。

三是建立健全专业评估机制。根据广西实际情况，逐步建立并完善政府和社会专业学会等社会组织相互补充、有机结合、共同评估监督的制度。实践证明，科学有效的评估是促进专业基本建设、推进教育教学改革和提升教学管理水平的有力手段。首先，政府要加强评估并不断进行评估工作的规范和完善，评估尽量做到客观公正，重点是对专业办学基本条件、基本标准的检查和监督，即为合格性评估。评估应在新设专业已经有了毕业生后进行，对评估结果必须合理利用，比如，评估结果应适当与政府支持性政策挂钩。其次，要积极培育和发挥行业学会等社会组织的作用，充分发挥其专业质量评估的职能，评估结果及时向社会公布，使其在提高专业办学水平和办学质量中发挥积极的作用。

三　商科专业群构建与发展

»»» 1.“跨界”资源共享模式搭建专业

（1）**师资资源共享**。以“互联网 +”商务专业群为例，各专业师资资源共享，取长补短，互相促进。各个专业带头人、项目负责人、优秀教师充分发挥主观能动性，通过共同参与人才培养模式改革、校企合作项目等途径，并结合随堂听课、备课笔记交流、小组交流等形式主动帮助骨干教师和年轻教师，在项目实施和日常教学工作过程中，群内各专业师资共同进步。项目开展过程中，结合原有基础，群内各专业教师在理论课、实践课、毕业设计等教学环节，实现互聘、互兼，充分发挥群内各专业的教师资源，为项目开展、人才培养模式改革、课程建设、课程资源建设等环节的进展贡献自身力量。各专业共享企业兼职教师资源，为校外实训基地建设、实践环节教学改革、高质量核心课程建设、人才培养模式实施等方面提供来自企业一线的人力、物力支持。

（2）**教学资源共享**。以“互联网 +”商务专业群为例，通过电子商务、国际商务重点专业的建设，各专业编写的出版教材、自编教材、精品课、课程资源等教学资源相互共享。如：“网络营销与策划”专业核心课程及对应的特色教材应用于商务管理专业，“基础会计”“现代物流实务”高质量核心课程及对应的特色教材可应用于电子商务专业；电子商务专业的课程资源和自主学习平台可应用于其他专业的教学工作。在项目开展过程中，充分利用项目提供的师资培训、骨干教师培养、企业一线进修的机会，为各专业教师提供各种教学资源，通过一系列子项目的开展，师资力量必将得到显著提高。

（3）**实训基地共享**。以“互联网 +”商务专业群为例，实训基地建设以“互联网 +”商务类专业内各专业的核心技能训练为基础，组建实训基地，实现资源共享。比如，电子商务模拟运营中心、网络营销实训中心可面向该类所有专业的相关实训实习，会计综合实训中心及与企业共建的物流货运综合实训中心可向该类专业提供生产性的实训实习场所，学生自主创业实践中心可向该类专业所有的学生提供自主创业的实践平台，电子商务师技能鉴定中心也可以成为本地区职业技能训练考核鉴定基地。现有和新建的校外实训基地为该类专业的工学结合提供了开放、共享的实践平台。

》》》2.“模块 + 项目”式课程建设

以“互联网 +”商务专业群为例，将“互联网 +”商务类专业的课程体系划分四个模块：专业基本模块、专业核心模块、专业实践模块、专业拓展模块。

（1）**专业基本模块**：思想道德修养与法律基础、应用英语、计算机应用基础、大学生职业生涯规划与就业指导、综合素质与职业素养；

（2）**专业核心模块**：跨境电商概论、跨境电商操作实务、现代国际商务礼仪、电子商务基础、网络零售经营实务、网络营销实务、消费者心理与行为、视觉传达设计、产品开发与改良设计、报关原理与实务、报检操作、商务函电、跨境电商英语、涉外会计、涉外结算与核算；

（3）**专业实践模块**：跨境电商综合实训、网络零售综合实训、网络贸易综合实训、市场调查实训、营销谈判技巧实训、平面设计实训、报关与国际货运综合实训、国际商务交际实训、涉外会计综合实训；

（4）**专业拓展模块**：国际市场营销、跨境电商应用英语、商务数据分析、国际汇兑与结算、商务沟通与客户服务、品牌营销实务、界面交互设计、外贸跟单实务、国际商务单证、财务报表分析。

》》》3. 创新校内外实训基地建设

以"互联网+"商务专业群为例，一是利用原有教室购置设备和软件，建成"网络贸易实训中心""跨境电商实训中心""全程电子商务实训中心"等3个校内实训中心；二是挑选经营管理良好，适合专业实习的企业，签订2个"厂中校"生产性实训基地，并制定《"厂中校"运行管理办法》《"厂中校"学生实训管理办法》等规章制度；三是建立2个"校中厂"实训基地，并制定《"校中厂"运行管理办法》《"校中厂"学生实训管理办法》等规章制度。

》》》4. "技能+教学"产教融合构建高素质教师队伍

以"互联网+"商务专业群为例，双师型师资队伍应该是企业工作者与教育工作者的结合体，是技术技能能手与教育教学能手的结合体，具备较高的教育教学能力、专业发展能力和企业工作实践能力，能够承担"互联网+"商务类专业的课程体系开发与实施工作，具体手段包括且不限于：一是充分发挥专业建设委员会和合作企业的作用，每年安排2名校内专任教师到合作企业挂职锻炼，逐步实现100%专任教师具有双师素质。二是建立《双向互聘制度》，通过安排专业教师到专业建设委员会企业和合作企业担任技术顾问半年以上，以及国内外进修、学术交流等措施培养2名校内专业带头人及6名骨干教师。三是实行灵活的教学安排，以便掌握最新应用技术的企业专家到校授课，聘请6位企业兼职教师，使兼职教师专业课授课比例达到35%。

》》》5. 实施"3+4"评价体系，监测人才评价质量

一是校内建立由学生、教师、教学督导形成的多方评价制度。二是探索建立并实施用人单位、学生、家长、人才中心等共同参与的人才培养质量评价制度。三是请专业调查机构对毕业生的薪资水平、就业岗位、社会满意度等方面进行调查，就专业办学水平和人才培养质量进行评价。

4.2 专业群建设与管理的机制

一 专业群建设委员会

由专业群相关行业专家、行业的龙头企业代表、相关教育专家加入，与学校专业群负责人、核心及骨干教师共同成立专业建设委员会，制定《校企合作专业建设委员会工作章程》，专业建设委员会成员共同参与人才培养方案修订、课程开发、教学实施、实践训练、学生见习、顶岗实习及就业推荐等活动。

二 产教协同育人机制

广西国际商务职业技术学院积极开展人才培养模式改革，拓展校企合作领域，深化校企协同育人。依据行业、企业技术标准及国际通行的职业资格标准，针对广西区域经济发展需求，产教深度融合，深化人才培养模式改革。以学生职业技术能力增进为主线，推进工学结合、知行合一，探索成立“精英班”，实施分层次和精细化人才培养，实现人才培养质量的全面提高。

一是积极开展企业调研，优化人才培养方案。定期深入行业、企业以及广西内外同类高职院校，积极开展专业调研，明确产业发展需求、企业用人需求、岗位群职业能力标准、职业资格标准等，通过分析调研数据，动态调整专业方向，与行业企业共同明确人才培养目标和培养规格、优化人才培养方案、制定专业标准和职业能力培养标准等，实现专业设置与区域产业发展需求的对接、人才培养标准与企业用人标准的对接。

二是以能力增进为主线，推进工学结合、知行合一。充分提炼岗位典型工作任务，依据完成工作任务需要的职业能力程序化课程，以项目为载体组织实施教学，积极推进工学结合、知行合一，学生按照专业基本能力训练、专业核心能力训练和职业综合能力训练的过程，校内实践和校外生产性实践相结合，逐步实现职业能力的递进。

三是探索“精英班”教学组织形式，实施分层次和精细化人才培养。在遵循学生认知与发展规律的基础上，根据学生的个性化特点，采用分层次和精细化人才培养模式，探索成立精英班，实施卓越人才培养计划。培养具有较强的实践操作能力、创新创业能力、可持续发展能力、核心职业能力和工匠精神的精英型技术技能人才。从学生中选拔专业基础扎实、专业发展潜力强的学生组成精英班，班级规模控制在 20 人左右，进行定期考核、适时分流和择优增补。面向校内外聘任教学科研能力和实践能力强的优秀教师作为精英班导师，实施特定教学方案，把通识教育、创新能力教育、国际化教育等方面作为精英班学生的主要考核点，通过课题研究、项目开发和技能竞赛，开展全面教育与指导，培养高端卓越人才。

4.3 “SPADE”体系引领专业群发展探索

根据“专业建设五力”模型，结合学院实际情况，围绕“专业群对接产业链”的专业群建设思路，对接广西三大定位、六大新兴产业、引金入桂和“数字广西”战略，广西国际商务职业技术学院提出构建智慧商科立体专业群体系，并辐射带动相关专业建设；围绕广西产业转型升级和职业教育发展，完善专业动态调整机制，优化专业结构；充分调动政校行企育人积极性，深化校企合作体制机制改革，创新职业教育人才培养模式，形成专业群人才培养机制；推进产教融合教育教学改革，提高专业人才培养质量和社会服务能力。加大专业结构优化调整力度，结合当前新技术、新业态发展，积极开展专业教学改革和课程调整，提升教学质量和专业竞争力，重点打造国际商务、会计和物流管理三大优势特色专业，建成区级一流，全国知名的王牌专业，国家级、区级标志性成果不断增加。

一 专业群建设理念

一是课程共融。探索柔性、可拓展、面向岗位群的课程建设新模式，按照"平台 + 模块 + 方向"思路，系统重构课程体系。

二是师资共享。改变传统专业教研组织方式，打破专业限制，根据不同职业岗位，组建结构化教师团队，满足专业群教学需要。

三是教学共育。建立开放型培养模式，积极应对学生多元化、学习基础差异化、学习场景多样化的实际情况，实行弹性学制和学分制，赋予学生群内专业选择权、课程选择权、教师选择权，自主选择学习路径和进度。推进合作开发新型活页式、工作手册式教材改革，推进线上线下混合式教学模式改革；利用 AR、VR 等技术，实现实践教学与虚拟仿真教学融合，进行体验式教学。

四是基地共用。整合资源，建设综合性实训基地，满足群内各专业实训需要；改革实训基地管理模式，在现代流通数字营销、国际物流及海外仓储管理、供应链金融及供应链贸易等方向，提高各专业共用率。

五是管理共通。从招生就业、学生管理、教学科研、后勤服务等方面进行统筹管理，形成合力，产生集聚效应，推动整个专业群建设发展。

二 专业群建设框架

广西国际商务职业技术学院专业及专业群建设框架包括智慧商科立体专业群、六大传统专业群和三大优势特色专业。智慧商科立体专业群是指结合当下新技术和新业态，充分体现智慧 + 商科 + 立体的专业群理念，重点构建以供应链、"互联网 +"商务和大数据为方向的三类专业群。六大传统专业群是指立足学院传统专业优势组建的国际贸易专业群、财会金融专业群、流通专业群、商务外语专业群、商务信息专业群和旅游服务专业群。三大优势特色专业指加大专业结构优化调整力度，以专业群为引领，积极开展专业教学改革和课程调整，提升教学质量和专业竞争力，重点打造国际商务、会计和物流管理三大优势特色专业，建成区级一流，全国知名的王牌专业，国家级、区级标志性成果不断增加的国际商务、会计和物流管理三个具有办学优势和学院办学特色的专业。

三 专业群建设路径

以全面推进广西国际商务职业技术学院教育事业发展为目标，以学院"一体两翼三驱动"的总体思路为契机。结合当前学院专业及专业群现状，提出按照"四化同步"推进的战略要求，抓住机遇，因势利导地发展"立体建设，双层驱动，集成升级"的专业及专业群建设模式。

"四化同步"是指国际化——为适应社会经济发展新常态，发挥自身"国际化"的内在特色，建设成为特色鲜明的国际化高职院校，深化国际化商务人才培养模式改革；专业化——通过深化改革，从师资队伍、课程体系、专业设置、校企合作等多方入手，推进专业化发展；多层化——各个专业群内多层次发展，打通学校、专业、课程、教师和学生层面间的沟通渠道，促进学院教学工作多层次共同发展；多形式化——丰富教学形式，打破单一僵化的学习模式，特别是针对实践性很强的专业，坚持校企合作、在实践中提升学生的技术技能。

"立体建设"是指同步建设，主要包括学校优势学科如国际贸易、财务金融等在内的六大传统专业群平台和包括供应链类、"互联网 +"商务类、大数据类专业在内的智慧商科立体专业群平台，在实际教学过程中，强化传统专业优势、打造新兴专业特色，双层建设形成持久发展驱动力。

"双层驱动"，以专业互联互通路径为纽带，一方面，从传统专业群中选取优势专业辐射带动其他专业发展；另一方面，在智慧商科立体专业群中结合新技术孵化新专业，以传统优势专业为基点，以社会需求为抓手，构成立体驱动模式，这个多重体系将成为学院专业及专业群建设升级的重要驱动力量。

"集成升级"，集成专业，以产业集群为导向、以共通的职业技能要求为基础，根据外部环境变化灵活调整，设置传统专业群和智慧商科立体专业群。按照"资源共享、重点突出、优势互补、灵活调整"的建设思路，根据需要选择专业放入智慧商科立体专业群中进行升级改造，结合新技术孵化出新的特色专业。

第五章

实践与成效

5.1 实践

一 依托“SPADE”体系推进质量提升

»» 1. 科学制定方案并有序推进

一是定期召开诊改工作会议，有序推进诊改方案的落实。2017 年制定并发布《广西国际商务职业技术学院内部质量保证体系诊断与改进工作实施方案》以来，广西国际商务职业技术学院每年按照方案有序推进各项工作。如 2019 年上半年，学校多次召开诊改工作会议，为明确各组任务、稳步推进诊改工作落到实处起到了积极的促进作用。第一次是 2019 年 1 月，在完成教育厅诊改复核后，学院立即召开 2018 年诊改复核总结会总结经验，并讨论 2019 年诊改重点工作。第二次于 2019 年 3 月召开，部署学院诊改重点工作，会上经各组认真研究及充分讨论形成学院诊改工作十大任务。第三次于 2019 年 7 月召开，由各组汇报上半年的诊改工作推进情况，并商讨下半年工作如何开展。第四次是 2019 年 9 月召开第三次诊改工作推进会，就诊改信息系统需求及 SPADE 诊改模型指标体系融入诊改信息平台进行调研，为建设诊改信息平台及推进平台尽早上线打下基础。

二是研究与实践相结合加强体系建设。结合广西国际商务职业技术学院实际情况，为继续完善具有学院特色的“SPADE”质量诊改模型及指标体系，学院以“十四五”攻坚专项课题为切入点，实施诊改工作研究，使学院、专业、课程、教师、学生五个层面诊改工作的提升和发展有了具体的衡量和评判标准。

三是宣传扩大诊改工作的影响。为深入推进学院内部质量保证体系诊断与改进工作，学院领导在广西诊改专家会议、新时代教育教学改革创新论坛等大型活动向全国 50 多所商科职业学院的领导、教师及广西诊改专家做诊改工作典型经验发言，介绍了学院诊改工作的模型、经验及成效。

四是引进第三方开展诊断工作。第三方诊断工作为推进广西国际商务职业技术学院内部质量保证体系诊改工作，推动诊改信息平台建设，以及学院申报“双高”创造了有利条件。同时，第三方诊断结合学院“SPADE”诊改模型及“1+N+X”专业建设模式，从专业、课程、教师、学生等方面，对学院核心专业和骨干专业进行了全面的诊断。

五是实施年度自我诊改剖析。组织五个层面诊改专项工作组商讨并形成广西国际商务职业技术学院自我诊改工作方案，组织各处室系部开展自我诊改工作，对照广西国际商务职业技术学院“十四五”规划及各层面发展目标及标准，对达成目标进行诊断，促进诊改工作常态化发展。

二 高质量开展专业层面诊改工作

广西国际商务职业技术学院围绕专业“发展潜力、师资实力、课程保证力、就业竞争力、社会影响力”开展专业层面诊断工作。

一是构建学院跨境电商、现代流通、新旅游业态、商务信息四个专业群，组织专家面对面活动，邀请外省专家对学院高水平专业群申报工作进行全方位指导。重点开展跨境商务、现代流通等高水平专业群建设申报工作。

二是组织各系部进行专业教学诊断与改进工作，形成年度专业教学诊断与改进工作报告；加强专业群建设，制定专业建设规划、专业建设目标，就专业职业定位、面向的职业岗位、人才培养目标三个内容，对应做足专业需求论证（如：行业企业专家共同开展的市场调研和专题研究分析会等）、专业毕业生麦可思调研报告、专业带头人资质、专业建设团队结构及能力等支撑数据。

三是邀请第三方公司，对学院跨境商务、现代流通、新旅游业态等专业群，以及“1+N+X”专业建设模式中所有核心专业开展了全方位专业诊断。

四是出台《广西国际商务职业技术学院品牌专业认定办法（试行）》（桂商职院教〔2018〕23号）制度，结合学院“1+N+X”专业建设模式，完成了2019年品牌专业认定工作。经评审，国际商务专业为学院优势专业，商务英语、会计、物流管理、旅游管理、电子商务、金融管理专业为学院特色专业。

此外，广西国际商务职业技术学院以“SPADE”质量保证模型专业“五力”为标准，开展“A级”专业认定。为进一步提高专业建设水平，树立优秀榜样，完善学校内部质量保证体系诊断与改进工作，促进学校内涵发展，建设智慧商科专业群，形成办学特色与优势，全面提高人才培养质量，根据学校“SPADE”质量保证模型中的专业“五力”（发展潜力、师资实力、课程保证力、就业竞争力、社会影响力）标准，制定并出台了《广西国际商务职业技术学院A级专业认定标准与管理办法》，同时组织各系开展2020年“A级”专业认定工作。以“专业群五共”为理念，打造高水平专业群建设。为突出办学特色和优势，进一步服务地方产业发展，学院以“课程共融、师资共享、教学共育、基地共用、管理共通”为指导思想，以专业群结构调整建设、打造专业群综合实训基地、推进“1+X”证书制度试点为举措，重点开展跨境商务、现代流通等高水平专业群申报工作。经评审，学院跨境商务专业群入选广西高职院校高水平专业建设计划立项名单。

三　有效开展课程层面诊改工作

广西国际商务职业技术学院围绕课程“符合度、完整度、满意度、创新度、达成度”开展课程层面诊断工作。

一是建设“平台 + 模块”专业课程体系及教学资源。以“基础共享、核心分立、拓展互选，创新创业融合”为指导，打通专业壁垒，构建专业群课程体系，实现教学资源与教学要素的共享。基础共享模块，由公共基础课程和专业群平台课程构成，实现对学生职业基础素养和职业通用能力的培养；核心分立模块，突出各专业的自身特色，基本覆盖工作全流程中需要突出的主要环节，着重培养学生专业核心能力和专业实践能力；拓展互选课程模块，由专业能力拓展课程和专业综合能力拓展课程构成，专业群各模块互通，给学生更多的选择，培养学生职业迁移能力，满足学生个性化发展需要；创新创业融合课程模块，采取必修和选修相结合、线下和线上相结合、课程和项目结合的模式，实现大学生创新创业能力培养。

二是推动信息技术与教育教学改革相融合。深化教育教学改革，发挥信息技术在教育教学改革中的作用。为顺应“互联网 +”时代教学主体、教学资源与教学媒介等要素的变革与发展，创新信息化条件下的人才培养模式，学校积极探索建立“线上”网络教学与“线下”传统面授教学相结合的混合式教学模式。通过课前导学、线上自主学习、课堂重点难点讲解、线上线下深度讨论、过程性考核等方式，将传统的以“教师讲授为主”的模式向素质教育下“学生自主学习为主”的模式转变，目前建设有国家级在线开放课程、自治区级在线开放课程、MOOC 式网络课程和其他线上课程共计 30 多门，其中“财务会计”课程被认定为国家精品在线课程，“国际贸易”“电子商务”课程获评 2020 年自治区级职业教育在线精品课程。

三是开展学院“专家面对面”系列活动，邀请校外专家到广西国际商务职业技术学院举办职业教育讲座、研讨会等，提升教师信息化教学能力，提高网络平台应用等技能。

四是邀请第三方公司，对广西国际商务职业技术学院跨境商务、现代流通、新旅游业态等专业群课程，以及“1+N+X”专业建设模式中相关专业课程开展课程诊断。

四　“SPADE”领航建设技术技能人才培养高地

创新“五到引领，五位一体，五阶递进”人才培养模式，提高人才培养质量；以商咖小镇建设为核心，打造“一镇、二园、三中心”实训基地体系；深化“三教”改革，打造商科院校“金课”；以“SPADE”模型为标准，完善内部质量保证体系；加强创新创业学院建设，产教融合培养创新创业人才。

》》》1. 创新“五到引领，五位一体，五阶递进”人才培养模式

坚持以桂商文化“铸魂”、第二课堂“出彩”、民族风俗“立根”、创新创业“谋新”、国际交流“创特”融入人才培养过程，形成“五位一体”素质养成体系，开展丰富多彩的活动，培养较高综合素质的优秀人才；坚持校企合作“九共同”，深化产教融合，科学地将实践教学各环节根据学生的接受程度、学习规律、企业参与度、社会需求等多方因素划分成五个阶段，设置职业认知期－商萌咖、虚拟商战期－商小咖、实战操练期－商战咖、跟岗实习期－商大咖、顶岗锤炼期－商名咖五个阶段，开展校企合作、商学结合，“五阶递进”培养学生的专业实践能力。通过此培养模式，培养专业能力强、综合素质高的卓越人才。

》》》2. 打造“一镇、二园、三中心”产教融合协同育人平台

遵循职业教育规律，根据学生学习特点，打造商咖小镇。商咖小镇由校内商咖小镇、校外商咖小镇、云上商咖小镇三部分构成，校内商咖小镇通过整合现有校内实训基地而成，校外商咖小镇以校外实习实训企业和校企合作基地为主，云上商咖小镇由商咖管理平台和各种云端学习资源、技能训练与竞赛平台等组成。以商咖小镇建设为核心，打造桂商文化园和创新创业园，构建智慧商科专业群综合实训中心、广西商业大数据协同创新中心、SPADE 标准应用研究中心，形成“一镇、二园、三中心”实训基地体系，将企业实际运作与学校课程实时同步，通过实时远程接通企业实战现场实现双课堂教学和双导师授课，将企业经营运作全过程有机融入人才培养各环节，充分发挥校内外双基地实习实训作用，不断提升学生实操技能和就业能力。

》》》3. 以“三教”改革促进商科职业教育“金课”建设

一是建设国际化的双师素质教学团队。培养一批具有国际视野、能解决现代服务业企业经营管理难题的骨干教师。聘任行业企业领军人才、大师名匠为兼职教师。二是编写产教融合新型特色教材。三是创新以构建高效课堂为目标的教学方式方法。基于 VR/AR 技术，打造“活动课堂”，打造“金课”；基于“互联网＋”，构建“智慧教室”。

》》》4. 推进 SPADE 模型为标准的商科质量认证

对接国际、国家标准，依托“SPADE”模型，不断动态完善“SPADE”指标体系，在充分论证的基础上，在校内推进 SPADE-A 级专业认证、A 级课程认证乃至学校认证，把专业、课程建设纳入标准化、规范化、常规化轨道，不断提升专业及课程建设水平，打造一批高水平专业和优质课程。不断创新专业及课程建设和评价模式，把“SPADE”（商科）认证逐步向区内、区外乃至国外推广。

》》》5. 建立“基地建设＋创客培训＋项目孵化”创新创业教育体系

建设校内创新创业教育基地，升级打造创新创业园；与创新型企业合作，建设校外创新创业实践教学基地；建设创新创业教学资源，如开发创新创业通识课程、线上资源、编写教材等；

开设创业训练营和创客精英班，引入企业实战课程，安排企业实战训练；引入企业师资，组建项目培育团队，强化学生项目孵化指导；加强项目孵化成果转化，支持学生争取政府项目经费支持；积极支持学生参加省级以上创新创业大赛，高水平孵化项目，用“实战”成果进行参赛。

依据“专业五力”打造高水平专业群

围绕“专业群对接产业链”的专业群建设思路，对接广西现代服务业，以“专业五力”模型为依托，全面开展智慧商科专业群建设，以跨境商务专业群、现代流通专业群、新旅游业态专业群、商务信息专业群为重点，加强专业内涵建设，打造高水平专业群体系，建成教师水平高、学生质量优、社会服务强、办学特色鲜明的广西一流、国内领先、辐射东盟的专业群，支撑广西重点产业发展，为建设中国（广西）自由贸易试验区、数字广西、西部陆海新通道服务。依托“课程五度”构建复合型课程体系，申报“1+X”证书试点，获得国家级教育教学成果奖突破。

1. 以“专业群五共”为理念，保障专业群协同发展

以“课程共融、师资共享、教学共育、基地共用、管理共通”为指导思想，加强专业群内涵建设。以广西高水平跨境商务专业群为引领，积极推进现代流通、新旅游业态、商务信息等智慧商科专业群建设。加快智慧商科专业群与产业链、产业群、传统专业群之间的资源共享，促进专业资源整合和结构优化；创新专业群校政行企多方协同共谋共建共享机制，完善多方协同发展机制；按照“基础共享、专业分流、拓展互选、能力递进”的原则，集成建设专业群通识课程群，建设以一平三端教学系统为载体的混合式金课等各类金课，以专业群为单位制定人才培养方案，逐步实现大类招生的人才培养机制和多方协同的教学管理机制。

2. 依托“专业五力”模型，推进专业群结构调整和建设

主动融入粤港澳大湾区经济社会发展和中国（广西）自由贸易区建设的需要，依据“SPADE”模型中的专业五力指标体系，构建“1+X+N”专业群建设模式，根据新技术、新模式、新业态发展动态调整和优化专业结构和规模。成立校企共建专业群建设指导委员会，重点加强对建设项目的论证、咨询和指导。探索大类招生及按专业群制定人才培养及管理机制。

3. 积极开展 A 级专业及 A 级课程的建设和认定

根据“专业五力”和“课程五度”标准，组织开展 A 级专业建设及认定，打造一批高水平专业，同时大力推进思政课程及课程思政教学改革，积极建设“智慧教室”、打造专业群通识课程群，建设及认定一批 A 级课程。

》》》4. 以打造“金课”为目标，推进“三教”改革

建设教学创新团队，开展课堂教学组织与教法改革，探索小组式学习、项目式学习、探索式学习、研讨式学习等；编制产教融合型、活页式、工作手册式等新形态及优质教材；持续推进线上线下混合式教学改革，探索教师分工协作的模块化教学模式。推进“1+X”证书制度试点工作积极申报国家级“1+X”证书试点，配套建设考证中心、考证工作站，建立书证融通机制，将职业等级证书考证标准、要求融入人才培养方案、课程体系和日常教学，完善以证代考制度。

六 以“教师五特”引导高水平双师队伍建设

全面贯彻落实《关于全面深化新时代教师队伍建设改革的意见》《关于进一步完善职业教育教师培养培训制度的意见》和《关于加快发展现代职业教育的决定》等文件精神，把“四有好老师”标准完全融入“教师五特”模型，坚持校企共建共育，完善绩效考核体系，建成一支育人情操特高、教学能力特强、科研能力特优、教师魅力特有、仁爱之心特显的区内领先的高水平师资队伍。

》》》1. 实施“师德引领计划”，精准示范，弘扬师德风尚

建立教师师德师风档案，将师德师风表现作为评先评优、职称评聘、职务晋升、人才推荐等工作的首要条件，严格实行师德一票否决制。每年评选师德先进个人、师德标兵，充分发挥师德先进个人、师德标兵的双示范引领作用。

》》》2. 实施“优秀教师团队培育计划”，精准育才，打造创新团队

以“教师五特”为标准，建立教学名师遴选培育机制，遴选校级“金雁”教学名师，培育国家级教学名师。遴选培育校级“金雁”优秀教学创新团队，培育自治区级及以上高水平创新团队。

》》》3. 实施“师资队伍国际化提升计划”，精准输出，共享优质资源

每年遴选派出骨干教师出国访学，提升中青年专任教师中有短期国（境）外培训经历的比例。拓宽与境外大学、科研机构、跨国公司等机构之间的交流与合作路径，与海外大学等机构共建国际化双师培育基地，遴选骨干教师赴海外进行为期 6 个月以上研修，培养具有国际视野和跨文化交流能力的双师型教师。

》》》4. 实施“双师型教师成长计划”，精准合作，构建命运共同体

大幅提高“双师型”专任教师比例。引进一批具有丰富实践经验和精湛技术技能的能工巧匠和管理人才，提升来自企业的兼职教师与校内专任教师的比例。建设跨境商务、现代流通等领域方向的大师工作室，不断提升教师参加职业院校教学能力比赛获国家级奖项和自治区级奖项。

七 以"学校五重"为引领 大力提升学校治理水平

以"学校五重"为引领，坚持"党委领导、校长负责、教授治学、民主管理"。建立并充分发挥政府、行业、企业、学校和社会共同参与的学校理事会作用；完善以学术委员会为核心的学术管理体系，充分凸显学术权力；依法依规扩大二级学院自主权。构建包含大数据分析智能校园管理平台在内的质量保障体系，建立涵盖人才培养全要素的管理制度体系。深化二级院系治理及混合所有制办学模式改革，进行内部质量保证体系诊改。

》》》1. 健全现代职业学校治理体系，提高学校办学效能

完善高质高效的行政管理体系。构建科学的决策体系。坚持党委领导下的校长负责制，成立改革发展理事会，设立发展规划处、质量办公室。以"学校五重"为引领，构建完善的运行体系。打造工作目标链、标准链、职责链，实现"处处有目标""事事有标准""人人有职责"。完善责权明晰的学术治理体系。修订有关学术治理的管理制度，充分发挥学术委员会、教学工作委员会、督导工作委员会的作用，保证在学术评价、专业建设发展、职称评聘等方面行使决策、审议、评定和咨询等的统筹权。建立校企共建共商的专业建设管理模式。积极发挥校系两级专业建设委员会作用；积极与企业合作共建专业，让企业参与人才培养的全过程，与企业形成命运共同体。构建全面的监督体系。进一步发挥"教代会""学代会"作用,履行纪检监察职责，推行"精准监控"计划，提高各部门执行力与工作效率。

》》》2. 深化二级院系治理改革，探索产业学院办学模式

扩大办学自主权。在学校的统筹领导下，扩大各系（部）在专业设置、科学研究、内部机构设置、人员聘用、收入分配等方面的自主权。实行目标管理责任制。学校与系（部）共商制定目标管理任务，监督和考核系（部）目标管理任务的完成。开展产业学院办学试点。选择实力雄厚、特色鲜明、优势明显的系试行产业学院办学，创新学校现代管理机制。

》》》3. 加强内部质量保证体系诊断与改进工作，提升学校治理水平

建立与诊改工作相适应的制度体系。进一步完善相关制度，形成质量生成、保证、监管、考核的完整制度体系和治理机制。逐步建立和完善动态调控机制，构建起更加完善的具有学校特色的内部质量诊改指标体系。建立质量管控反馈机制。对学校诊改平台实行全面升级，推进治理建设信息化、数字化。建立实时监测、及时反馈、及时整改机制，实现"时时、处处、事事"诊断与改进。完善和优化学校内部质量保证体系诊断与改进工作。每年开展自我诊断，完成专业自我诊断分析报告。全面开展学校、专业、课程、教师、学生 5 个横向主体的目标链、标准链实现程度的自我核查与考核性诊断，提出分类诊断分析报告。

5.2 成效

一 “SPADE”标准体系示范引领效应辐射全国

学院以开展内部质量保证体系诊断与改进工作为契机，以发展性评价为价值导向，在长期理论研究与实践探索的基础上，创造性地构建了“SPADE”五维质量保证体系，通过打造独具特色的“五级进阶”人才培养模式，为职业教育提质培优发挥着积极作用。2020 年，“SPADE”五维质量保证体系相关成果首次入选中共广西历史大事记，并持续受到《光明日报》、CCTV 央视频道、《中国教育报》《国际商报》《中国青年报》、中国报道、中新网等主流媒体的重点关注，中国“双高计划”建设院校领导、权威职教专家对“SPADE”模型也给予高度评价，示范引领和辐射作用持续增强。同年 10 月，学院联合全国商贸职业教育集团、广西商业行指委、全国商贸职业教育集团专委会共同举办“SPADE”认证合作试点启动仪式，共同达成《全国商科院校 SPADE 标准认证试点合作协议》，标志着“SPADE”认证合作试点工作开始迈向新征程，开创了中国新商科人才培养的新时代。

二 人才培养质量持续提升

以“SPADE”标准引领，开展“三全育人”综合改革，构建多维度、全方位、立体化的“十大育人”体系，学院入围自治区首批“三全育人”示范校。构建“五纵五横一平台”内部质量保证体系，顺利通过广西高职院校内部质量保证体系诊断与改进年度抽样复核。实施发展型资助育人行动计划，共有 4.188 万人次获得资助，金额累计超过 1.379 亿元，资助育人项目“银雁计划”荣获全区高校资助育人特色项目。实施“赛课一体”“一赛四引”人才培养模式，学生参加广西职业院校技能大赛，获一等奖数和获奖总数分别比“十二五”期间总数增长了 200% 和 70%。从 2016 年开始，连续 6 年获广西职业院校技能大赛“互联网 +”国际贸易综合技能赛项第一名。2018 年广西职业院校技能大赛一等奖总数在全区各高职院校中位列前三。创新创业优势进一步增强，学生创业教育覆盖率 100%，学生参与创业率超过 10%，是全区唯一连续两年入围国赛现场比赛的学院。

三 专业建设成效明显

基于专业五力标准，以服务区域经济发展为导向，积极优化专业布局，科学搭建专业（群）

结构，形成了跨境商务、现代流通、新旅游业态、商务信息、财会金融、商务外语等六大专业群。国际商务、涉外会计、电子商务、旅游管理、物流管理获广西职业教育示范特色专业及实训基地建设项目立项，并先后以三个优秀、两个良好的优异成绩通过项目验收。校企合作共建大数据、云计算等现代商务特色专业 7 个，建设大师工作室 3 个。《世纪商务英语口译教程》《国际贸易概论》教材入选"十三五"职业教育国家规划教材。获批广西首批专业发展研究基地和首批现代学徒制试点单位。国际商务、金融管理等 4 个专业获教育部创新发展行动计划骨干专业认定，跨境电子商务和旅游管理专业资源库获自治区级立项，跨境商务专业群成为广西高水平专业群建设项目。

四 课程专业化建设水平持续提升

广西国际商务职业技术学院以课程 5 度的 5 个维度为方向，在课程建设中积极践行知行合一、理实一体，推动职业技能等级证书融于课程教学体系。一是组织申报高水平专业群，经广西教育厅评审，学院跨境商务专业群获得广西高水平专业（群）。2019 年，在全国首批"1+X"证书制度试点和第二批"1+X"证书制度试点中获得 3 个项目；2020 年，在全国第三批试点申报中更是全面开花，学院获"1+X"证书制度试点超过 10 个。以 SPADE–A 级课程认证为抓手，全面推进混合式教学改革，有 3 门课程申报国家级别精品在线课程，"财务会计"课程获得 2020 年国家精品在线开放课程认定，成为广西高职唯一。二是每年组织开展"广西国际商务职业技术学院教学能力大赛"，通过开展大赛，加强教风学风建设，提升学院专业建设及课程建设的质量，优化课程资源，提高教师的教学水平、业务能力和学生的综合素质，营造良好的课堂教学秩序，构建优秀的校园文化，推进"课程思政"教学改革，达到以赛促建、以赛促改、以赛促优的目的。三是积极参加教学技能竞赛，取得丰硕成果。近年来，学校积极组织参加教学技能竞赛，并取得了显著成效，以 2019 年为例，年内学校共开展了多次专家面对面活动，对学院参加 2019 年广西职业院校信息化教学大赛的作品进行了全方位指导。经过比赛角逐，在大赛五个赛项的比赛中，共获得自治区级一等奖 4 个、二等奖 11 个、三等奖 3 个，学院荣获自治区最佳组织奖，目前已连续两年获得"广西职业院校信息化教学大赛最佳组织奖"；与此同时，学院参加 2019 年全国职业院校技能大赛职业院校教学能力比赛，获实训教学赛项国家级二等奖 1 个，该项领域获得重大突破。四是课程混合式教学改革得到全面推进。广西职业院校技能大赛职业院校教学能力比赛首次新增"混合式教学"赛项，学校派出 2 位老师参赛，均荣获二等奖的好成绩。

五 师资水平大幅提升

坚持五特强师要求，实施高层次人才引进计划，大力实施“博士工程”“教授工程”“优秀青年教师成长支持计划”等大人才工程。“十三五”期间，送培博士 7 人，培养教授 10 人，引进高层次人才 5 人，遴选 36 名优秀青年教师进行扶持培养。组织教师赴国内外高水平大学培训、访学，参加职业院校教师素质提高计划项目和“亚行贷款”培训项目，提高教师队伍能力水平。建立健全教师评价机制，涌现出一批以“全国模范教师”周龙军教授为代表的“优秀教师”。不断提高教职工收入，获批的年人均绩效工资总量由 2016 年的 6.3 万元提高到 2020 年的 11.6 万元，增幅达 80% 以上。教师参加各类技能比赛获自治区级一等奖数和获奖总数比“十二五”期间总数分别增长了 567% 和 106%。

六 科研与社会服务能力持续增强

获广西社会科学优秀成果奖 5 项，获教育部第八届高等学院科学研究（人文社科类）优秀成果奖三等奖 1 项，完成自治区重大课题 1 项，实现了高职院校在自治区重大招标课题零的突破。“十三五”期间教师获各级各类校外课题比“十二五”期间增长了 59%。先后完成商务部下达的援外培训项目 16 个，对来自 30 多个亚非拉发展中国家的近 500 位官员、技术人员进行培训，获受援国家学员的高度肯定与赞扬。承接广西地市商务系统培训商务人员 620 人，培训企业人员 5795 人，承接企业考试 20000 余人。

七 国际化特色进一步凸显

积极拓展与“一带一路”沿线国家的教育合作，先后招收 6 批 27 个国家的 205 名国际学生入校学习。接待国（境）内外来访团组 36 批 145 人次。派出 26 个团组出访东盟、欧美等国家洽谈合作项目。派出 6 名教师参加汉语国际推广工作。派出 487 名学生赴泰国、马来西亚等国家高校交流学习。2016 年起学院被确定为广西现代职业教育发展示范项目区域合作试点单位，2018 年荣获全国高等职业院校“国际影响力 50 强”称号，2019 年入选教育部“人文交流经世项目”首批“经世国际学院”，2020 年被泰国教育部职业教育委员会授予中泰职业教育合作突出贡献奖，并成为 UK NARIC 英国高等职业教育领域国际专业标准评估认证计划试点院校。

第六章

前景与展望

6.1 前景

一　专业群特色与优势将更加凸显

在“SPADE”模型引领下，广西国际商务职业技术学院推进智慧商科立体专业群建设的探索和实践取得了明显成效。在大数据、人工智能等新技术运营领域的不断拓展，以及跨境电商等新业态不断涌现的时代发展背景下，广西国际商务职业技术学院将持续推进智慧商科立体专业群建设，各特色专业群的优势在未来也将进一步凸显。未来，广西国际商务职业技术学院将保持以专业建设的“五力”为根本遵循，多举措促进专业评价的标准以及诊断指标的不断优化和完善，建成专业动态优化调整机制，结合学校“1+N+X”专业群的建设发展，机制化促进专业的动态调整，持续推进学校专业群的高质量建设和高水平发展，实现专业建设水平的有效提升，促进专业群建设取得更丰硕的成果。目前，学校已有国际商务等 4 个专业被教育部认定为创新发展行动计划骨干专业；涉外会计等 4 个广西职业教育示范特色专业及实训基地建设项目以优异的成绩通过验收；此外，专业群建设也取得显著成绩，跨境商务专业群被评为自治区级高水平专业群建设项目。在学校品牌专业认定办法的引导下和学校积极组织申报自治区高水平专业群的支持下，专业建设水平将得到稳步提升。

二　内部质量保证体系诊断与改进工作将常态化

目前，在广西国际商务职业技术学院的积极推动下，其内部质量保证体系诊断与改进工作已经取得明显的阶段性成效。已完成诊改体系及框架的搭建，“五纵五横一平台”的框架体系已基本成型，健全了学校—职能部门、二级学院—专业（课程）三层级的保证组织。开展了多轮内诊构建资料收集，逐步完善目标体系、标准体系和制度体系建设。并邀请区内外知名内诊专家来校讲座，从宏观及微观层面介绍内诊体系建设的经验。组织内诊办公室、各子系统部门负责人赴湖北、山东的院校，开展一对一的深入交流，摸清各项目标链、标准链、制度链及诊改实施、平台建设等内容，取得了阶段性的成效。广西国际商务职业技术学院已经每年实施了年度自我诊改剖析。目前，广西国际商务职业技术学院正在组织校内各单位对照学校“十四五”规划和各层面发展目标及标准开展诊改工作，对达成目标进行诊断。未来，内部质量保证体系诊断与改进工作将成为广西国际商务职业技术学院优先和重点开展的工作，并将形成常态化发展态势。

三 “SPADE”体系将有效支撑学院全面发展

一是将依托合作平台，进一步提升社会影响力。广西国际商务职业技术学院将依托校企深度合作项目，扩大招生规模，与企业积极筹建大数据应用于学院，共建阿里大数据、阿里云计算、阿里云安全等 5 个专业或者方向。企业深入人才培养的各个环节，实现专业建设发展与企业的融合。二是校企携手创新培养机制。未来，学校将探索混合所有制办学。目前广西国际商务职业技术学院累计开设有启橙跨境电商订单班、顺丰班、平安财险班等企业冠名的订单班 7 个，培养学生 340 人。未来将积极推动与希毕迪公司共同探索具有混合所有制性质的大数据应用学院；与百丽集团、南湖名都、启橙集团等企业共同探索现代学徒制人才培养模式。

四 中高职衔接合作发展潜力将进一步提升

依托广西商业行指委及广西商务集团平台机制，广西国际商务职业技术学院积极推进中高职衔接与合作。目前，广西国际商务职业技术学院与北海市中等职业技术学校等十余所中职院校开展教育衔接与帮扶合作。安排 5 名对外汉语教师赴靖西参与对越人员汉语教学，持续推进开展职教国际化项目。组织中职院校的校领导、骨干教师参与商咖文化节、校企合作年会、产教对话等教学成果交流，参加现代学徒制及跨境电商、北海职教专题培训等活动，为中职院校提供了更高的交流平台及业务提升机会。联合广西商业学校等中职学校教师共同参与会计、市场营销等五个专业的中高职课程衔接标准的编制工作；派出骨干教师团队赴南宁市第六职业技术学校开展电子商务、会计等专业建设指导，大力推进中高职课程衔接合作。通过推进中高职衔接合作，未来，学校的发展潜力将进一步提升。

五 发展仍需应对各种问题及挑战

2021 年 4 月，习近平总书记在全国职业教育大会上的讲话提出：职业教育在全面建设社会主义现代化国家新征程中，前途广阔，大有可为。未来，国家将采取更多措施支持和推进现代职业教育体系的加快构建，以提高职业教育发展质量。“十三五”期间职业教育日益成为全国各省市产业持续高速发展的重要支撑点，《国家职业教育改革实施方案》也明确指出：“将继续完善中国特色现代职业教育，坚持职业教育与普通教育不同类型，同等重要的战略地位。”未来将进一步完善具有中国特色的现代职业教育，教育部及各省教育厅也将进一步推进“职教20条”的落实。因此“十四五”期间，为提高职业教育与国际国内双循环新发展格局的适应性，满足产业转型升级，实现2035年远景目标纲要要求，建设技能型社会，国家与社会资源仍会持续性对职业教育进行投入。可以说未来五年，中国职业教育仍处在大发展、大变革、大推进的“黄金上升”时期。

在现代工艺技术及互联网科技的影响下，各传统产业、行业正积极谋求改革，特别是出现了“互联网+”“创业+”“文创+”“文旅+”等模式，使得过去传统的产业、行业在经营模式、经营渠道、经营方法上都出现了新的做法和新的内容。同时，现代科学技术结合传统产业，又催生出一大批战略新兴的行业、产业。根据《广西战略性新兴产业十四五规划发展》中提及，如跨境电子商务、电子竞技、老年休闲服务、大数据分析与应用、知识密集型服务外包、人工智能、国际港口物流等。不论是传统商务行业的转型，还是新兴商务行业的出现，都会对人才提出新要求，出现新特点，因此，人才培养工作需要及时作出调整，提高与产业发展的适应性。未来广西将发挥自身优势推动东盟—广西—粤港澳大湾区的联动发展；紧抓RCEP政策与机制红利，高水平贯彻落实“三大定位”新使命，更好服务中国—东盟命运共同体建设。

未来，广西将多措并举促进文化旅游强区、现代物流强区建设，并不断顺应第四次科技革命发展潮流，全面推进数字广西建设，加快建成面向东盟的金融开放门户，构建高质量的现代产业体系。未来广西将在康养、文化旅游等现代服务业，跨境电商、航空物流、冷链物流等现代物流，以及数字经济领域得到大力发展，并逐步实现现代服务业务与先进制造业的深度融合发展；同时，不断顺应数字化发展趋势，逐步实现相关产业的数字化专项升级。这些都是“十四五”期间学院发展的良好区域外部环境与产业发展基础。

根据《广西教育事业发展“十四五”规划》，未来五年广西职业教育工作的重点就是提质培优，增值赋能，包括不断完善现代职业教育体系和深化产教融合水平以提高服务产业的适应性。如目前广西产业发展趋势以及对外开放合作的要求，特别是在现代服务产业、现代商业、数字信息产业等领域，未有相关的职业教育本科院校作为产业高质量人才培养的支撑点；相关职业院校人才培养水平、人才质量、办学条件等与企业需求仍存在较大差距，不利于广西加快跨境、电商、物流、旅游、文化、养老、空港、快递等新兴产业以及数字经济的发展，广西职业教育体系仍有较大的发展和完善空间。可以预见，广西职业教育将在“十四五”期间迎来高质量发展的重要历史节点，也是学院提升办学质量的难得机遇期。

“十三五”期间学院在党的建设、办学空间拓展、办学质量提高、社会影响力提升等方面取得了明显成效，但同时也必须清楚地认识到，学院在整体办学水平上离国内高水平院校还存在一定的差距，如东盟校区实训，实践教学资源短缺、师资队伍结构不合理、激励与考核机制不够完善、特色专业优势还不够突出，交叉融合力度不大，专业群发展总体不平衡。针对“双高”项目建设的能力还有待提升，对区域经济社会和行业发展需求的联系还不够紧密，服务地区经济社会能力还需进一步提升。针对产业的适应性，服务产业的水平还不够高，校企合作和产教融合的机制需要进一步完善。国际交流合作的水平和层次还不够高，在打造具有特色鲜明的国际合作项目方面还有待继续加强。质量保证体系运行仍有提升空间，商科文化建设成效凸显不够，重大影响力标志性成果数量偏少、本科层次办学经验仍然欠缺等问题。

纵观世界，开放合作、互利共赢仍然是长期趋势，但近些年来某些西方大国将疫情溯源政治化，并结合贸易摩擦，不断在国际社会向中国施压，因此，在变革、变动、不确定等国际社会因素影响下，中国商务发展面临的国际不稳定、不确定因素显著增多。暴发于2020年的新冠肺炎疫情仍在反复不断，衍生的相关风险仍然持续影响着全球产业链、特别是商务行业的发展。国外严峻复杂的疫情，使得国际货物贸易、服务贸易、国际物流均受到冲击，国际旅游业、休闲服务业、国际运输业损失惨重。而国内时不时零星暴发的疫情，也阶段性，区域性的影响零售、服务、旅游、休闲等产业。挑战机遇并存的情况下，人才培养工作必须增强机遇意识和风险意识，准确辨识，科学应对，全体教职员工必须学会在变局中开新局。

广西国际商务职业技术学院虽然在深化教学改革、完善学科体系建设等诸多领域取得较好成绩，但仍有很多方面需要进一步改进。一是智慧商科立体专业群建设仍需加强推进。一方面，专业设置有待继续调整优化。学校的专业没有实现及时有效的动态调整，传统优势产业创新发展不足，新专业开发建设投入不足。品牌专业、特色专业与专业特色建设有待进一步加强。另一方面，“专业五力”“课程五度”指标体系有待进一步修订提升，需进一步结合学院的发展要求进行调整，同时结合学院品牌专业认定工作情况，部分专业诊改指标的确定还需进一步修订提升。二是学院混合所有制办学路径还在探索，校企合作、产教融合力度有待进一步提升。学院诊改、后勤保障等体制机制有待创新。三是思想政治工作实效性有待提升，教职员工在思想观念上对高等职业教育的运行机制以及现代大学制度的理解不够系统深入，“三全育人”工作格局未完全形成，齐抓共管合力有待加强。四是行业拔尖人才缺乏，承接国家重大计划项目、获得国家科技奖励、在专业领域内具有较大影响力的拔尖人才偏少；高层次人才不足，高级职称教师以及具有博士学位的专任教师所占比例偏低；人才国际化特色不明显，专任教师具有国外留学背景的人数少，占全校老师的比例较低；教师队伍老龄化趋势明显，年轻教师较多，教师结构亟须优化，双师型教师亟待补充。此外，学院各部门及各岗位工作量化考核指标体系有待建立健全，奖惩机制还不够完善。五是大数据平台未与各层面全面对接，数据采集难、覆盖面窄，尤其是学校的诊改数据信息。目前只有学校层面的人才培养状态数据较为完备且可有效获取，诊改工作对专业、课程等层面的支持力度明显不足，尤其是精品在线开放课程的打造、储备及申报较为缺乏。此外，实践教学、师资、教科研等有关工作状态数据还不能清晰、有效地归集到专业，过程信息较为缺乏，仅凭借状态数据平台不能实现全面的专业诊改信息采集，而课程诊改工作需要依托在线课程平台以及学院共享数据平台，对课程教学进行动态监控，以课程教学内容、学生学习状态、学生学习成绩、教学满意度、教师教学评测等作为主要考评指标。目前很多的课程数据还无法采集，因此，大数据平台与专业及课程层面的全面对接工作尤为重要。

此外，广西国际商务职业技术学院智慧商科建设仍面临着诸多新挑战。一是职业教育提质升级带来的挑战。《国家职业教育改革实施方案》的发布实施拉开了职业教育高质量发展的序幕。如何理解"一个判断"、做到"三个转变"、把握"四个主攻方向"，落实产教融合、育训结合、多元办学,实现"高质量"发展,是今后一段时期广西国际商务职业技术学院发展面临的最大挑战。二是技术和产业快速迭代带来的挑战。近年来，5G、云计算、大数据、人工智能、区块链等新技术的广泛使用既催生了新产业、新业态和新商业模式，也加快了传统农业、工业、服务业的升级改造步伐。在重大颠覆性技术不断涌现、科技成果转化速度日益加快的背景下，如何紧跟技术和产业的快速迭代，建立起专业设置、人才培养方案的动态调整和快速汰选机制，使得学校所培养的技能人才能充分适应和满足产业发展需求，是学校为了实现更好发展面临的重大挑战之一。三是高职扩招带来的挑战。高等教育普及化在我国已经成为重要发展趋势，也是高等教育实现高质量发展的关键任务和重要使命。高职扩招导致的学生数量陡增、生源构成多样化、学生诉求明确具体化等问题会给学院的学生管理、教学方法、师资配备等工作带来压力，是广西国际商务职业技术学院下一步发展面临的严峻挑战。四是"双高"建设政策导向带来的挑战。如中国特色高水平高职学校和专业建设计划第一轮的 56 家建设单位中，理工农医类学校 32 家，综合性学校 18 家，经济管理类学校只有 6 家，占比 10.7%；所涉及的 226 个高水平专业群建设列表中，工科和新技术类专业群占据绝大部分，经济管理类专业群只有 28 个，占比 12.3%。从统计结果看，国家在今后五年将围绕"中国制造 2025"，集中力量重点支持工科类院校和工科类专业群建设。作为一家以经济管理类专业为核心的高职院校,如何在未来五年中激活发展新动能,将成为新的挑战。五是外经贸产业结构调整带来的挑战。近年来，全球经济复苏乏力，愈演愈烈的贸易保护主义给我国的外经贸企业、产业和国民经济造成了严重影响。在此背景下，我国出台多项政策，推出多项举措，以进一步优化贸易结构和营商环境，进而不断巩固外贸传统优势,并加快培养和形成外贸新优势。作为外经贸类高职院校,如何主动适应外经贸产业结构调整、及时对应的调整人才培养目标、优化专业设置和课程结构、创新教学模式、培养符合产业结构调整需求的高素质应用型人才，是今后发展所面临的核心挑战。

6.2 展望

《职业教育提质培优行动计划 (2020—2023 年)》明确提出要进一步建设中国特色高水平高职学校和专业，并打造一批人才培养平台和基地。未来，广西国际商务职业技术学院将不断完善和升级“SPADE”五维质量保证体系，坚持高质量、高水平开展内部质量保证体系诊断与改进工作，在此前提下，实现专业结构的不断优化，形成更加适应区域经济社会发展、结构更加合理、特色更加鲜明、优势更加突出的专业体系；实现专业核心课程体系的健全和完善，专业品牌影响力大幅提升，人才培养特色进一步凸显；实现教育教学改革创新的新突破，教学质量将进一步提升。

一 高水平专业群建设将成为优先发展方向

未来，广西国际商务职业技术学院将坚持“立德树人，服务发展，促进就业”方针，实施“质量立校、特色兴校、创新强校”战略，围绕落实“三大定位”新使命和“五个扎实”新要求，根据广西教育厅《关于推进高水平高等职业院校和高水平专业（群）建设的实施方案》文件精神，高水平专业群建设将成为学校的优先发展方向。学校将重点推进跨境商务、现代流通等高水平专业群创新发展，以专业及专业群建设为依托，突出优势、办出特色，将内涵建设作为专业建设的重点，不断提高专业建设质量与水平，打造一批广西乃至全国一流专业，为促进西部陆海新通道、中国（广西）自由贸易试验区建设以及服务“一带一路”建设培养高素质国际化现代商务技术技能型人才。围绕新时代职业教育发展的新要求，以立德树人为根本任务，以高质量发展为引领，以现代商务特色为重点，以新校区建成并启用为契机，以建成广西高水平高职学院为目标，争取建设成为中国特色高水平高职学院，为升级职业本科院校奠定坚实基础。学校将逐步建立专业设置随产业发展趋势动态调整的机制，进一步提升学校专业服务产业发展的能力，在同类院校和社会的影响力显著增强。校企共同完成人才培养方案优化和课程体系的完善，加快“两个对接”——专业课程内容与职业需求，以及教学过程与企业生产过程的有效对接，加快推行现代学徒制试点。打造“一共享一融通”平台——打造专业群宽平台，实现“基层共享”；打造交叉互选的专业群拓展融通平台。以此推动广西国际商务职业技术学院形成产教融合育人特色更加突出，人才培养模式探索取得突出成效的发展格局，形成可供同类院校借鉴的成功案例和经验。为了更好地支撑专业群的建设，学校应全面铺开骨干专业的建设。

2019 年，广西国际商务职业技术学院电子商务、金融管理等 4 个专业被教育部认定为“高等职业教育创新发展行动计划”骨干专业。未来，广西国际商务职业技术学院以这 4 个骨干专业为重点，围绕智慧商科专业群建设，全面开展骨干专业建设，重点建设国际商务（跨境电子商务）、商务英语、会计、市场营销、电子商务、金融管理等 12 个骨干专业，并不断探索在校企合作体制机制、课程、“双师型”教学团队、信息化、学生创新创业基地、社会服务能力、专业文化等多个领域与其他同类学校的差异化发展道路，实现专业建设内涵的丰富化、多样化、特色化。

一是落实“优化增质”计划，建设高水平专业群。主动融入粤港澳大湾区经济社会发展和中国（广西）自由贸易区建设，以群建院，继续推进“1+N+X”专业群建设模式，实现专业群建设的分层、分类。以一个专业群服务一个产业链、对应一组岗位群的形式，建成卓越的跨境商务专业群，着力打造优势突出的文化与旅游专业群、“外语 +”专业群、商贸营销专业群，全力开展特色鲜明的财会金融、智能信息和艺术设计专业群建设，为 RCEP 以及广西商业经济高质量发展提供智力支撑。进一步完善专业动态调整的长效机制，在保持专业规模总体稳定的基础上，根据产业变化进行专业调整。建立专业群发展与产业发展同步协调的动态机制，根据产业跨界融合的发展趋势，培育专业群发展新的增长点，建立共建共管共享的校内外实训平台、技能大师工作室和协同创新创业平台。建设商咖小镇、打造桂商文化园和创新创业园，构建智慧商科专业群综合实训中心、广西商业大数据协同创新中心、SPADE 标准应用研究中心，增强专业群与行业企业发展的耦合度，形成“一镇、二园、三中心”的整体布局，保障专业群协同发展。持续推进“SPADE”专业和课程认证，开发一批智慧商科类专业群教学标准，部分专业开展本科人才培养。

二是开展“实践提升”计划，打造实践育人成果。创建“五到引领，五位一体，五级进阶”进阶人才培养模式。坚持以“学生五到”为标准，将桂商文化、第二课堂、民族风俗、创新创业、国际交流融入人才培养过程，形成“五位一体”素质养成体系，构建“商萌咖—商小咖—商战咖—商大咖—商名咖”的“五级进阶”商科实践育人模式。深化育训结合人才培养培训模式改革，探索中职、高职、本科等技能培训的衔接机制。进一步构建技能竞赛“国家—省—校”三级培育体系，发挥实习实践、社会服务、校企合作等与竞赛活动的互融互通。持续深入地开展“1+X”证书制度试点工作，将“1+X”证书制度纳入学校人才培养方案，加快书证互通，以“SPADE”专业认证为契机，构建学分银行，与普通本科高校、开放大学、各类继续教育机构互联互通，共建终身学习体验基地，推进社区教育示范区建设，形成跨校跨省教学资源共享机制，实现学习成果认定、积累与转换，形成一套高质量的考证培训与教育教学协同推进制度。深度挖掘并充分发挥“SPADE”五维质量保证体系效能，不断完善五横四纵三层全过程动态跟踪质量保证机制，构建“SPADE+ 商咖小镇 + 五级进阶”技术技能型人才培养模式，持续开展“SPADE”专业与课程认证，赋能商科职业教育高质量发展。

三是坚持“攻坚培优”计划，扎实推进三教改革。强化专业课程建设，加强课程模块化、系列化设计与改革，以“课堂革命”为典范，推动教学模式和教学方法的改革，强化基于 VR/AR 技术的职业教育课程体系开发。推进以“双创教育”“课程思政”为核心的素质教育改革，真正发挥课堂在人才培养中的“主阵地”作用。将“党的领导”相关内容全面融入校本教材，通过校企合作编撰一批使用新发展形势、新产业业态的新型活页式、工作手册式教材，服务对外开放的智慧商科系列职业教育规划教材。聚焦高质量课堂革命，坚持教师“五特”导向，健全“三级”，即国家—自治区—学校教学能力比赛机制，开展“鲲鹏计划”“麒麟计划”“金鳞计划”分类别提升教师素质，培养教学创新团队。

动态调整优化专业“五力”指标和课程“五度”指标体系，打造十个“SPADE”认证专业、百门“SPADE”认证课程、千个精彩一课。争取获得国家级教育教学成果奖 1~2 项、国家级教材建设奖 1~2 项，以及立项建设国家规划教材 5 本以上。争取建成 1~2 个自治区级高水平专业化产教融合实训基地，力争自治区级职业教育专业教学资源库 2~3 个、自治区级职业教育在线精品课程 3~5 个。打造 2 个以上具有智慧商科特色的职业教育的“课堂革命”典型案例。

四是开展“融通共进”计划，深化双创教育改革。充分发挥创新创业学院在思创融合、专创融合中的引领功能。加强“双创”师资队伍建设，谋划建设“双创”导师库。深化“双创”教育课程改革，建立符合双创教育改革的课程体系。依托示范基地推进创新创业实践，建成东盟校区创新创业实践基地，探索驻校企业家服务模式，形成创新创业教育和实践的闭环。打造青年红色筑梦之旅、芳林新叶沙龙等思政“金课”、实践大课，培育优秀创新创业文化。承办好广西职业院校技能大赛创新创业赛项，在各类创新创业大赛成绩稳中有升。积极探索创新创业国际化交流、创新创业国际化人才培养新模式，实施“双创出海”计划。探索开设创新创业类专业，将创新创业贯穿学校人才培养的全过程，通过创业更好地带动就业。落实落细就业扶持政策，实施重点群体毕业生精准就业帮扶，以实现毕业生毕业去向落实率保持在 90% 以上的目标，使得毕业生能够更充分、更高质量的实现就业。优化生源结构，稳定招生规模，确保每年招生达 10000 人以上。

二 专业及课程层面诊断工作将高质量推进

2021 年，广西国际商务职业技术学院在自治区教育厅组织的第二轮内部质量保证体系诊断与改进工作复核中，凭借自身扎实的工作举措，以及取得的显著成绩，获得了考核组的高度好评。未来扎实推进专业及课程层面诊断工作将是学校工作的重点，将根据学院“十四五”内部质量保证体系发展规划以及“内部质量保证体系诊断与改进工作”进度要求，积极开展专业及课程层面诊断工作，引进第三方机构进行诊断评价，通过加强对系部校企合作工作的监督与指导，深化合作内涵与层次，立足国家经济发展与行业产业需求，积极推动各二级学院在校企混合所有制实体建设、引企入校、专业课程共建、现代学徒制、合办生产性教学经营实体、大师工作室、跨境校企合作等领域进行探索，校企合作水平将进一步提升。在此基础上，学校办学优势将日益凸显。智慧商科立体专业群及现代学徒制试点顺利推进，人才培养模式改革成效显著。政校企行“四位一体”体制机制得到完善，各关键领域改革有所成效，形成“多元参与、协同治理”的现代高职院校治理模式，有效推进院系二级管理、职称评聘、考核与绩效分配制度的改革，最大限度地激发教职员工干事创业的积极性，实现学校办学活力的不断增强。学分制改革深入进行，学习效率和效果大幅度提升。内部质量保证体系和常态化教学诊改机制建立，营造浓厚质量意识和质量文化环境，形成校本诊断与改进工作机制，并开展切实可行、针对性强的诊改工作。

三 坚持课程五度标准 全面开发在线课程

受新冠肺炎疫情及其不断反复的影响，线上课程将加快成为未来课程教育的新趋势。截至2021年，广西国际商务职业技术学院约建成了20门在线开放课程。未来应坚持"SPADE"课程五度标准，全面融入互联网发展大潮，促进管理和教学信息化水平的全面提升。一是全面促进管理和教育改革创新。学校与教师也应适应互联网发展新形势，全面转变思维方式，以互联网思维和互联网技术倒推学校教育和管理的制度创新改革发展。如加大教学制度等的改革创新，大力推进在线开放课程的混合式教学改革，促进在线开放课程的教学应用，积极鼓励各系加强优质在线课程的项目储备，着重向国家精品在线开放课程的申报条件靠拢；鼓励各系按需参加精品在线开放课程、金课等培训班，及时了解前沿动态等，大幅提升课程信息化水平。二是全面加大网上实践教学力度。传统的商科学校培养体系把基础理论课程作为教学的重点，忽视了对学生实践动手能力的培养。因此，应借助互联网技术，准确把握行业发展趋势，凭借互联网实现学校实训室与企业培训工作室的有机结合，大力培养和提升学生的实践能力和个性发展能力。三是构建线上线下深度融合的课程教学体系。在线上主要开展基础理论课程的教学，并利用线上学习有效拓展学生获取知识的空间，延长学生学习的时间，并为学生提供更多的学习资源，保障学生碎片化、分散化学习的有序开展。在线下主要开展以实践为主的课程教学，并提高体验式、参与式教学内容的比例，让学生通过实践和参与更好地掌握所学知识和技能，为参与实际工作奠定良好基础。

四 坚持学生五到标准 全面提升学生素质

全面提升学生素质是学校教育的重中之重。未来，广西国际商务职业技术学院将坚持党的全面领导，坚持"SPADE"学生五到标准，通过持续推进"十大育人"体系建设，加强和改进德育工作，完善学生资助工作，创建优秀特色校园文化，加大招生就业力度，强化创新创业等，全体提升学生素质。通过校企合作机制，产教融合的"345"模式形成：专业设置与产业需求对接，课程内容与职业标准对接，教学过程与生产过程对接，毕业证书与职业资格证书对接，职业教育与终身学习对接。培养出用人单位欢迎的毕业生，学生创业成效突出，成为全国创新创业典型经验高校。学校应高质量推进校企合作，选择高质量的企业作为合作对象，重点和优先选择具备一定规模，最好是中型及以上规模，在行业内具有一定品牌知名度和影响力，且愿意与学校合作的企业；通过合作让企业逐步形成针对合作学校学生的管理制定和方案，逐步形成稳定的、长期的校企合作联盟模式。深入实施学生管理模式创新改革，学生素质将得到全面提高。

通过深化人才培养特色，将学校建设成为现代服务业人才培养高地。着力构建完善的“五育并举”育人体系，在学校教育教学中全过程开展思想政治工作。推进学生综合素质评价制度全面改革，学生课外学分制持续实施，校园第二课堂课程化、体系化、规范化建设得到进一步加强，高职特色的学生“核心素养”培养长效机制不断完善。通过多种形式开展就业教育、创新创业教育、职业规划培训；完善体育教育评价机制，实施课外体育达标计划；完善教育教学、实践活动、咨询服务、危机干预、平台保障“五位一体”的心理健康教育工作体系；深化校园美育文化品牌创建，推进“一院一品”“一社一品”“一团一品”计划，持续推动高雅艺术、优秀传统艺术进校园等系列品牌活动；尽快制定实施《劳动教育实施方案》，加快构建完善的劳动教育体系。通过实施学生发展“五育并举”行动计划，学生综合素质全面提升，创新创业意识和能力得到显著加强，优秀人才不断涌现。

五 秉持教师五特标准 全面加强师资队伍建设

秉持“SPADE”教师五特标准，实施“强师惠师”工程，促进教师双师素质的全面提升。一是实施“厚植师德”行动计划，弘扬良好师德风尚。不断完善学校教师的理论学习制度，持续开展理想信念教育；厚植弘扬良好师德师风。建立健全师德师风建设长效机制，将师德专题教育打造成为学校品牌，加快建设师德师风教育基地，以基地为载体常态化开展师德师风教育，加强教师的教育引导。落实新时代教师职业行为十项准则，实行师德负面清单制度和反面典型案例警示制度，开展师德师风情况监测，积极开展师德考核工作，建立严格的考核制定，并将课堂作为考核开展的“主渠道”，引导教师在日常的教育教学工作中重视和不断提升自身的师德素养，在教育教学的过程自觉贯彻落实立德树人的理念，提高育人的主动性、针对性、实效性。注重运用师德考核结果，把师德师风表现作为教师资格认定、年度考核、职称评聘、职务晋升、评奖评优等的首要要求。每年选树一批师德标兵、优秀教师、优秀教育工作者、优秀辅导员等先进典型，弘扬师德正能量。二是实施“高层次人才引育”行动计划，引领人才干事创业。坚持德才兼备，突出教师品德、能力、业绩、贡献评价，灵活采用全职引进、非全职引进方式，按需引进行业领军人才、学科专业领域领军人才，加大高技能人才队伍建设力度。实施“博士工程”“教授工程”，大力引育高层次人才，加强人才聘期考核和目标考核。发挥高层次人才引领作用，建设学术、学科和专业的带头人队伍，建立“老带新”制度，围绕育人情操、教学能力、教学魅力、科研能力、仁爱之心等方面带动青年教师成长。“十四五”期间，围绕学院“双高”建设，引育国家级、自治区级领军人才、高水平学科（专业）带头人 1~2 人，重点培养国际贸易、应用外语、文化旅游、现代流通、财会金融、计算机与信息技术等领域博士 10 人，重点培养国际贸易、应用外语、财会金融、文化旅游、现代流通、计算机与信息技术等领域教授 10 人，引进国际贸易、应用外语、财会金融、文化旅游、现代流通、计算机与信息技术等领域各类高层次人才 15 人，教师取得国家级奖励 (项目)2 项以上。三是实施“名师引领”行动计划，赋能教师素质提升。开展教师队伍的全员培训，按照每名教师 5 年培训学习不少于 360 学时的目标来开展。以名师和高层次人才为引领，围绕学院“双高”建设培养具有较高水平的创新团队。“十四五”期间，培养造就“大先生式”的教育家型教师 1 名以上，在全区乃至全国有一定影响力的名师 (优秀教师) 名校长 2 名以上，潜心育人、扎根八桂大地的骨干教师 3 名，“双师型”专任教师达到 60% 以上，培养 100 名以上具有较高水平的校级“A 级”教师。培育“五特”教育教学名师 10 名。围绕学院“双高”建设，遴选 10~20 名中青年骨干教师到国内外高水平大学进行访学研修。培养校级“金雁”教师教学创新团队、高水平创新团队 5 个以上，培养校级“金雁”创新创业人才团队 2 个，力争培养自治区级“黄大年式教师团队”1 个、教师教学创新团队 1 个、高水平创新团队 1 个。四是实施“教师保障”行动计划，铸牢教师发展之基。深化人事制度改革，用好办学自主权，简化进人程序，缩短招聘工作时限，加大教师队伍补充力度。持续推进薪酬制度改革，完善收入分配激励机制，绩效工资分配向关键岗位、高层次人才、业务骨干和做出突出业绩的工作人员倾斜。深化职称制度改革，落实“评聘结合”要求，完善职称评审标准条件。健全教师发展体系，搭建校级教师发展平台，加强二级学院教研室等学习共同体建设，为教师的终身职业生涯发展提供学习培训平台。加强教师信息素养培训。强化人才服务保障，关爱引进人才。深化教师评价改革，将师德师风作为教师评价的第一标准，同时注重教师教育教学的实绩。不断完善“双师型”教师的认定、考核和评价标准，把实践技能水平、专业教学能力作为重要的评价标准。

六 坚持“SPADE”标准引领　强力打造国际化特色

根据“立足广西、面向全国、辐射东南亚，为繁荣广西商务经济服务、为中国—东盟自由贸易区建设服务，为国际第三产业发展服务”的服务面向定位，在国家积极推进高质量共建“一带一路”的背景下，在广西与东盟教育交流合作的良好基础上，未来学校各专业将积极发展对外交流合作关系，不断深化和扩展对外交流的领域和空间，将国际化办学作为重点开拓方向。

实施“职教国际化”工程，依托政策服务产能输出，打造“留学国商”品牌。一是开展“西引东输”，进一步扩大跨境合作办学规模。加强与海外高水平院校合作，全面推进师资、专业、课程、教学及管理服务等领域的国际化，结合高水平专业群发展需要，新增 1 个中外合作办学专业。拓展与“一带一路”沿线国家和地区，尤其是东南亚国家的职教合作，重点做好职业教育国际标准和服务输出。开拓建设 2 所桂海商学院，结合高水平专业群建设输出专业标准和课程标准。推进中文 + 职业技能项目，设立中文 + 商务技能培训中心、实习实训中心及汉语言基地，促进各二级学院专业建设服务国际产能。推进产教融合，深化校企合作，聚焦“走出去”企业需求，推动各二级学院与企业联合开展人才培养项目，员工培训项目落地。支持并推动高水平专业群中的2个专业通过国际化标准评估认证。二是推动“品质留学”，全面提升人才培养国际化水平。打造“国商学子闯世界”项目，鼓励举办、参加国际职业技能大赛，通过比赛的形式促进学生职业技能水平综合提升，扩大学院国际影响力。对接“多语种+”人才培养战略，开展专业衔接与学分互认。深化与东盟国家的人才培养合作，建设东盟小语种高技能人才培养基地。扩大东盟语种+技能人才培养规模，创新“多语种+”人才培养模式，培养多语种新商科应用型人才。推进“国商学子看世界”项目，开展“一带一路”社会实践、跨国商学结合活动。建设“留学国商”品牌，开展区域影响力强的人文交流活动，促进学院与东盟国家的友好交流。打造一支国际中文教师队伍，开设中文专业(面向留学生)，建设“多语种+技能”教学资源与课程，培养国际化技术技能型人才，提升学院国际化办学能力。三是组织“桥梁计划”，实现教师国际化能力稳步提升。实施“桥梁计划”，支持举办、参加国际职业教育论坛。扩大渠道搭建平台支持教师海外研修、学历提升，建设一支专业理论知识先进、技术技能过硬的国际化师资队伍，推进提升教师外语能力，特别是东盟小语种。鼓励教师考取国际培训资格证书。完善外籍教师管理制度。加大外教聘请经费统筹保障力度，提高外籍专任教师比例，构建中外师资互派交流平台，鼓励教师赴海外、境外合作院校与国际师资培训基地任职。培养一批具有国际视野、跨文化交际能力强、适应人才培养国际化的骨干教师。建设“互联网+”国际教育平台。举办中国—东盟职业院校商业技能竞赛。建设2所桂海商学院，提升“留学国商”品牌在东盟的影响力。新增1个中外合作办学项目。依托桂海商学院，输出2个高水平专业群专业标准，建设一批获泰国教育部认证的课程。支持高水平专业群2个专业获UK NARIC认证。在东盟国家建设2个“中文+商务技能”培训中心，2个国际师资培训基地，国(境)外实习实训基地2个。重点面向东盟国家推动“SPADE”标准国际化。

在此基础上，广西国际商务职业技术学院“SPADE”体系将充分发挥作用，“立体建设，双层驱动，集成升级”专业及专业群建设将取得更显著的成效，“三全育人”体系将逐步建成，使学校国际化商务的办学特色更加鲜明，成为服务广西经济社会发展的高素质技能型人才培养示范基地，学校将逐步建成现代商务特色鲜明的国际化高等职业教育强校。

七 提升校企合作水平将是关键举措

提升校企合作水平是有效提升学生实践能力的关键举措。未来，广西国际商务职业技术学院应深入推进广西商务职业教育集团实体化运作，加快建设国家级示范性职业教育集团，共同探索育训结合、“学分银行”，实施“1+X(学历+职业技能等级证书)”制度，打造校企利益共同体，引领广西商科职业院校产教融合校企合作，服务“一带一路”及中国企业海外发展。探索建设混合所有制学院或产业学院。一是以“产教融合、合作育人”为人才培养主线，搭建职教集团和校企合作委员会区域联盟两个平台；坚持校企合作“九共同”(共同研究专业设置、共同设计人才培养方案、共同开发课程、共同开发教材、共同组建教学团队、共同建设实训实习平台、共同制定人才培养质量标准、共同进行教学效果考核、共同开展就业创业教育）深化产教融合。二是多元产权，建设产业学院。鼓励专业技术人才和高技能人才建设股份制工作室、技能大师工作室，联合企业共同开展"1+X"证书试点，建立"学分银行"学分管理体系，共建学生评价体系。支持企业建设产教融合型企业，在企业内建立5个"双师"技能提升中心；每年学校计划派驻企业挂职锻炼教师人数不少于10人，锻炼时间不少于半年。以"课程五度"的19个诊断点为衡量标准，通过校企合作开发和建设专业核心课程，编写一批活页式及工作手册式教材。三是聚焦商务，打造"商咖小镇"。基于校企合作构建智能商战模拟系统；建设支撑课赛融合的校内外实训基地，培养学生商业特质，如建设跨境电商商咖工作站、顺丰物流体验中心等；建设一批专项技能工作室、企业现代学徒制工作站。四是推进广西商务职业教育集团实体化运作。依托广西商务职业教育集团，推行实体化运作，进一步优化内部结构和决策机制，探索合作育人机制，推动集团成员单位的深度合作和协同发展，以共同利益为纽带深化合作，提升集团服务人才培养能力及区域经济发展贡献度，打造全国示范性现代服务业职教集团，促进校企双赢发展，推动职业教育向规模化方向发展。

八 "SPADE"领航高质量发展

实施"SPADE"工程，全面推进现代大学制度建设，构建高质量发展保障体系。一是深化教育评价改革，建立智慧商科特色动态考评体系。以学院原创的"SPADE"五维质量保证体系为抓手，改革学校党委教育工作评价模式，全面开展育人方式、办学模式、管理体制、保障机制的改革。建立健全党政主要负责人深入教育一线调研、为师生上思政课、联系学院和年终述职必述教育工作等制度，推进新时代教育评价改革实践。以"学院发展五重"为引领，改革学院评价，落实党的全面领导，做好思想政治工作和意识形态工作。以"教师发展五特"为导向，改革教师评价，从师德评价、教学评价、科研评价、社会服务评价等方面的难点问题入手，建立具有智慧商科特色的动态考评体系。全面落实新时代高校教师职业行为准则，突出教育教学实绩评价。以"学生发展五到"为依据和标准，改革学生评价，加强和改进美育、劳动教育评价，完善实习（实训）考核办法，优化完善过程性、多元化的考核评价体系，突出对学生学习过程的考查，以及其综合能力的评价，促进德智体美劳全面发展。二是完善现代大学制度，构建高效协同多元共治治理体系。进一步突出党建的引领作用，严格依法治校，充分发挥章程对学院总体工作的引领性作用，加快构建和形成现代大学治理制度新体系，实现学校管理的现代化，构建新发展格局。进一步健全党委领导、校长负责、依法治校、教授治学、民主管理、社会参与的治理机制，实现决策科学化、制度体系化、管理精细化、执行高效化、监督常态化，不断提高治理效能。健全党委会、校长办公会、校领导专题会议规则和决策程序，明确学院、职能部门、二级学院三方两级的权责边界，完善二级学院党政联席会议制度，扩大二级学院办学自主权。强化学术委员会、专业建设委员会、教学工作委员会、专家咨询委员会功能，充分发挥教职工代表大会、共青团、学生会等组织以及民主党派在协商议事中的作用，落实师生和社会公众对学院重大事项、重要制度的知情权，推进民主管理和监督。加强政、行、校、企四方联动，持续深化产教融合，依托职教集团、产业学院广泛开展产学研合作。三是实施"'SPADE'标准领航"计划，推动高质量发展行稳致远。持续推进"SPADE"标准认证，深化"SPADE"模型、标准体系、评价体系及实践成果的推广与应用。加快与国（境）外职业教育机构、院校联合开发并输出"SPADE"国际化专业标准、课程标准，不断拓展与国际职业院校的合作领域，并提升各领域的合作水平。深入推进常态化内部质量保证体系诊断与改进工作，实施学院、专业、课程、教师、学生五个层面的目标链、标准链实现程度的自我核查与考核性诊断，完善五横四纵三层全过程动态质量保证机制，健全质量生成、保证、监管、考核的完整制度体系和治理机制。全面升级学院"SPADE"诊改平台，建立健全大数据中心，对学校的人才培养工作状况进行及时的掌握，并开展有效的自我分析，构建学校信息化、数字化的管理机制。

参考文献

[1] 马克思 . 资本论 [M]. 北京：人民出版社，2004.

[2] 肖化移 . 审视高等职业教育的质量与标准 [M]. 上海：华东师范大学出版社，2006.

[3] 丁晓昌 . 高等教育质量保障体系研究 [M]. 南京：江苏教育出版社，2008.

[4] 姜大源 . 职业教育要义 [M]. 北京：北京师范大学出版社，2017.

[5] 刘育锋 . 面向世界的职业教育新探索 [M]. 北京：北京理工大学出版社，2009.

[6] 叶澜 . 教育研究方法论初探 [M]. 上海：上海教育出版社，2014.

[7] 朱永新，王继平 . 中国职业教育改革大系 [M]. 武汉：湖北教育出版社，2015.

[8] 姜大源 . 当代世界职业教育发展趋势研究 [M]. 北京：电子工业出版社，2012.

[9] 职业教育信息化课题组 . 职业教育信息化研究导论 [M]. 北京：清华大学出版社，2015.

[10] 俞启定，和震，中国职业教育发展史 [M]. 北京：高等教育出版社，2012.

[11] 袁洪志 . 高等职业院校内部质量保证体系建立与运行实务 [M]. 南京：南京大学出版社，2017.

[12] 李孟辉 . 高校课程研究 [M]. 上海：上海交通大学出版社，2012.

[13] 乔治 · 凯勒 . 大学战略与规划 [M]. 别敦荣 . 译 . 青岛：中国海洋大学出版社，2016.

[14] 蔡小平 . 区域经济视域下应用型本科专业集群建设研究 [M]. 镇江：江苏大学出版社，2017.

[15] 黄宗远 . 专业技术人员创新与创业能力建设 [M]. 北京：中国人事出版社，2016.

[16] 刘福军，成文章 . 高等职业教育人才培养模式 [M]. 北京：科学出版社，2007.

[17] 谢长法，中国职业教育史 [M]. 太原：山西教育出版社，2011.

[18] 雷树福 . 教研活动概论 [M]. 北京：北京大学出版社，2009.

[19] 马健生 . 高等教育质量保证体系的国际比较研究 [M]. 北京：北京师范大学出版社，2014.

[20] 吴洪成，中国近代职业教育制度史研究 [M]. 北京：知识产权出版社，2012.

[21] 徐庆军 . 高等教育专业结构调整的理论与实践 [M]. 长沙：湖南人民出版社，2008.

[22] 史万兵 . 教育通论 [M]. 北京：教育科学出版社，2011.

[23] 赵国军 . 中等职业教育核心问题的研究与实践 [M]. 沈阳：东北大学出版社，2017.

[24] 李玉春 . 高职教育的新探索 [M]. 广州：暨南大学出版社，2011.

[25] 田建荣 . 高等教育学基础 [M]. 西安：陕西师范大学出版总社，2018.

[26] 周浩波，高红梅 . 服务与支撑 – 基于产业集群的职业教育专业集群建设研究 [M]. 沈阳：辽宁人民出版，2012.

[27] 胡丽霞 . 区域经济与职业教育发展研究 [M]. 北京：中国经济出版社，2016.

[28] 李继延等 . 外职业教育体系建设与制度改革比较研究 [M]. 上海：复旦大学出版社，2014.

[29] 沈小碚．职业教育导论 [M]. 重庆：西南师范大学出版社，2017.

[30] 谢利英等．高职院校生产性实训基地与专业群建设研究 [M]. 长春：吉林人民出版社，2017.

[31] 范唯，马树超．切实解决提升高职教育教学质量的关键问题 [J]. 高等教育 .2006，(24).

[32] 郑美花．"岗、课、证、赛四位一体"的国贸实务双语课程考核体系的探索 [J]. 中国职业技术教育，2013，(2).

[33] 阳桂桃．"1+X"证书制度下高职公共英语三元课程体系设置探索 [J]. 中外企业家,2020,(9).

[34] 许建民．基于"课岗证赛"深度对接的高职课程模式的创新与设计—以南京化工职业技术学院市场营销专业为例 [J] 中国市场，2013，(45).

[35] 马瑞．互联网金融视阈下"课岗证赛"融通的课程体系构建［J］. 河北职业教育 .2018，(3).

[36] 汪先锋．"政校行企协同、课岗证赛融通"人才培养模式创新与实践—以广东省高职教育重点专业商务英语专业特色建设为例 [J]. 高教学刊，2016，(16) .

[37] 谢敏，吴立平，徐涛．发展性评价视阈下高职院校内部专业诊断研究与实践 [J]. 中国职业技术教育，2016，(24).

[38] 万德年，高职院校专业诊断与改进的建构和实施 [J]. 九江职业技术学院学报，2018，(1).

[39] 李传伟，王燕妮，姜义．现代学徒制试点项目教学诊断与改进的研究 [J]. 上海教育评估研究，2017，(1).

[40] 罗纯，发展性评价视阈下高职院校专业诊改探索 [J]. 襄阳职业技术学院学报，2017，(2).

[41] 戴伟军．浅析中高职电子商务专业"课证赛岗"融合 [J]. 科学与信息化，2018，5(20).

[42] 王爱芳．高职院校电子商务专业"课岗证赛"融通的人才培养模式研究 [J]. 电子商务 .2018，(07).

[43] 江岸．高职软件技术专业群"课岗证赛"融合下的核心课程体系建设及改革 [J]. 职业，2019，(05).

[44] 刘洪波．基于产教融合的高职多元化创新创业人才培养模式重构 [J]. 教育与职业，2016，(13) .

[45] 唐松林．培育质量文化，建立常态化的质量管理模式 [J]. 中国高等教育，2008，(24).

[46] 顾月琴，魏晓峰．德国双元制职业教育的困境及其发展趋势 [J]. 职教论坛，2010，(3).

[47] 曹慧．论校企一体化发展协调机制的构建 [J]. 黑龙江高教研究，2017，(2).

[48] 郝天聪．我国高技能人才培养的误区及模式重构—基于高技能人才成长的视角 [J]. 中国高教研究，2017，(7).

[49]《高等职业教育创新发展行动计划（2015-2018 年）》，教育部，2015 年 9 月 8 日 .

[50]《高等职业院校内部质量保证体系诊断与改进指导方案（试行）》（教职成司函〔2015〕168 号）教育部职业教育与成人教育司，2015 年 12 月 30 日 .

[51] 沈建根，石伟平．高职教育专业群建设：概念、内涵与机制 [J]. 中国高教研究，2011，(11).

[52] 孙毅颖．高职专业群建设的基本问题分析 [J]. 中国大学教育，2011，(1).

[53] 董淑华 . 高职院校专业群建设的实践探索 [J]. 职业技术教育，2012，(26).
[54] 袁洪志 . 高职院校专业群建设探析 .[J]. 中国高教研究，2007，(7).
[55] 强伟刚 . 对高职专业群建设的思考 [J]. 职业与教育，2013，(7).
[56] 张栋科，闫广芬 . 高职专业群建设：框架与展望 [J]. 职业技术教育，2017，(28).
[57] 陈秀珍 . 高职院校专业群课程体系构建的研究 [J]. 中国职业技术教育，2015，(7).
[58] 童昕，陈爱志 . 专业集群化建设助推高校向应用型转变 [J]. 教育评论，2017，(11).
[59] 朱厚望 . 高职院校专业群群管理的理性思考 [J]. 天津职业大学学报，2018，(2).
[61] 荣莉，唐以志 . 高职院校专业评估与专业诊改的区别 [J]. 职业技术教育，2017，(27).
[62] 刘辉，靳大伟，杨桂娟 . 专业诊改质量控制目标点的设计与实施路径研究 [J]. 工业技术与职业教育，2018，(1).
[63] 李金艳，汽车营销与服务专业诊断与改进—以黄冈职业技术学院为例 [J]. 职业技术教育，2018，(4).
[64] 王小刚，赵佩华，高职品牌专业开展专业诊改的探索与实践—以软件技术品牌专业建设为例 [J]. 教育教学论坛，2017，(12).
[65] 王亚盛，赵林 .1+X 证书制度与书证融通实施方法探索 [J]. 中国职业技术制度，2020，(2).
[66] 李庆文 .“专业建设五力”模型视角下职业院校专业群发展研究 [J]. 现代职业教育，2019，(21).
[67] 李庆文 . 职业院校内部质量保证体系 SPADE 诊改模型的构建 [J]. 现代职业教育，2019，(35).
[68] 蒋一清 . 高职电子商务专业建设和人才培养方案的研究与实践 [J]. 湘潭师范学院学报 (社会科学版)，2009，(2).
[69] 李茂英，曾庆军 . 课证岗赛融合的专业课程教学改革与实践 [J]. 职业技术教育，2015，(11).
[70] 蒋菲 .“双高计划”下的广西高职院校专业群构建 [J]. 产业与科技论坛，教育研究，2020，(8).
[71] 郭广军，方建超，龙育才 . 新时代推进高等职业院校内部质量保证 体系诊改的对策建议 [J]. 教育与职业，2018，(9).
[72] 陈美玲 . 广西财经商贸类高职院校课程层面诊断与改进工作的实践研究—以广西国际商务职业技术学院为例 [J]. 现代职业教育，2020，(39).
[73] 陈岩 . 岗、课、证、赛互相融合建立商务英语专业实践教学体系的研究与实践 [J]. 深圳信息职业技术学院学报，2015，(1).
[74] 高进锋 . 以就业为导向的电子商务专业人才培养模式研究 [J]. 电子商务，2017，17，(3).
[75] 曾智良 . 基于“岗课证赛”融合的课程改革研究 [J]. 装备制造技术，2019，(10).
[76] 徐国庆 . 高水平高职院校的范型及其建设路径 [J]. 中国高教研究，2018，(12).
[77] 吴威，李建元，郑明明等 . 互联网 + 背景下电子商务专业人才培养与市场需求调研分析 [J]. 漳州职业技术学院学报，2018，(1).
[78] 任占营 . 职业院校教学工作诊断与改进制度建设的思考 [J]. 国家教育行政学院学报，2017，(3).
[79] 刘绪军，温贻芳 . 新时代高职院校人才培养变革意蕴探析 [J]. 教育与职业技术，2022，(1).

[80] 余清臣 . 教育实践的技术化必然与限度——兼论技术在教育基本 理论中的逻辑定位 [J]. 教育研究，2020，(6).
[81] 吴南中，夏海鹰 .1+X 证书制度下职业院校变革逻辑与推进策略 [J]. 教育与职业，2020，(4).
[82] 王斌 . 高职院校内部质量保证体系诊断与改进工作机制的建构 [J]. 南方职业教育学刊，2020，(2).
[83] 李少兰，吴南中 . 职业教育育训并举人才培养模式的逻辑起点、形成机理与支持条件 [J]. 教育与职业，2021，(12).
[84] 倪春丽，李玉春 . 新加坡 NYP“教学工厂”的十大特色 [J]. 人力资源管理，2012 ，(6).
[85] 刘凤存 . 发达国家高职院校内部质量保障体系特征及其发展趋势 [J]. 职业技术教育，2016，(12).
[86] 任占营 . 高职院校专业群建设的变革意蕴探析 [J]. 高等工程教育研究，2019，(6).
[87] 周建松 . 以创新性研究引领中国特色高水平高职学校建设 [J]. 职业技术教育，2020，(4).
[88] 石伟平，林玥茹 . 新技术时代职业教育人才培养模式变革 [J]. 中国电化教育，2021，(1).

1 “SPADE”诊改模型的构建

职业院校内部质量保证体系SPADE诊改模型的构建

（广西国际商务职业技术学院 李庆文）

【摘 要】国务院印发《国家职业教育改革实施方案》指出，为了全面提升职业教育的质量和人才培养水平，要建立健全职业教育质量评价和督导评价制度。可见，在当今职业教育发展背景下，在职业院校全面推进内部质量保证体系诊断与改进工作，提升职业院校教育质量的自我保证能力，是摆在职业院校面前亟待解决的重要问题。职业院校的人才培养职能，都要以具体的专业为载体，并通过一系列相互关联且系统化的课程体系来实现。科学合理地构建职业院校内部质量保证体系的诊改模型，就应当遵循“以学生为中心，以专业为载体，以学校为办学主体，以课程和教师为两翼”的路径，“SPADE”诊改总体框架正是基于以上逻辑而建构的。

【关键词】内部质量保证体系 诊改模型 职业院校

2019年1月，国务院印发《国家职业教育改革实施方案》指出，随着我国经济社会发展迈进新时代，产业升级以及结构调整的步伐越来越快，从而对技术技能型人才产生了越来越紧迫的需求，这就需要职业教育发挥更大的作用。为了全面提升职业教育的质量和人才培养水平，方案明确提出要建立健全职业教育质量评价和督导评价制度。可见，在当今职业教育发展背景下，在职业院校全面推进内部质量保证体系诊断与改进工作，提升职业院校教育质量的自我保证能力和水平，是摆在职业院校面前亟待解决的重要问题。

一 职业院校内部质量保证体系诊改模型的构建思路

2015年6月，教育部发布《关于建立职业院校教学工作诊断与改进制度的通知》（教职成厅〔2015〕2 号），明确要求职业院校要根据自身办学定位以及人才培养目标，在专业设置、师资队伍打造、专业及课程建设与改革、学校管理体系等方面推进诊断与改进工作，并构建以保证人才培养质量为目的的常态化工作机制。随后，为了对职业教育如何保证教学质量进行指导，教育部出台了《高等职业院校内部质量保证体系诊断与改进指导方案（试行）》（教职成司函〔2015〕168 号）。这些文件的相继出台，引发了各地教育部门对职业院校内部质量保证体系相关工作的高度重视，同时也掀起了全国职业院校开展内部质量保证体系内诊工作的高潮。职业院校内部质量保证体系，简而言之，就是为了达到不断提升教育教学质量的目的而开展有效的不间断的质量管理活动体系。在职业教育教学质量的体系中，职业院校作为办学方，理所当然要承担起保证教学质量的主体责任，同时通过对教学工作全员、全方位、全过程的不断的“自我诊断与改进”，接续完善学校内部质量保证体系，以达到教学质量和人才培养水平的持续提高。

职业教育作为与普通教育不同类型的教育，主要培养为区域经济社会发展的应用型技术技能人才，因此，在构建职业院校内部质量保证体系诊改模型时，职业院校首先要牢牢确定人才培养目标的唯一内核地位，也就是说，必须把学生的成才成长作为办学的出发点和落脚点，同时构建出以职业院校办学定位和人才培养目标相吻合的目标链与标准链。职业院校的人才培养职能，都要以具体的专业为载体，并通过一系列相互关联且系统化的课程体系来实现。在“一切为了学生，为了一切学生，为了学生一切”的教育理念指导下，作为学校工作中心地位的教育教学活动的开展要紧紧围绕课程进行，课程是教学活动的主导，是教学中教师和学生行为存在的依据，决定着教师如何对学生进行辅导以及学生如何开展学习；课程、教师、学生作为教学存在的三要素，互相依存、缺一不可，课程、教师、学生三要素的互相交融，共同决定着教学的质量和效果，对专业人才培养目标的实现起着决定性的作用。因此，科学合理地构建职业院校内部质量保证体系的诊改模型，就应该遵循“以学生为中心，以专业为载体，以学校为办学主体，以课程和教师为两翼”的路径，职业院校内部质量保证体系“SPADE”诊改框架（见图 1）正是基于以上逻辑而建构的。

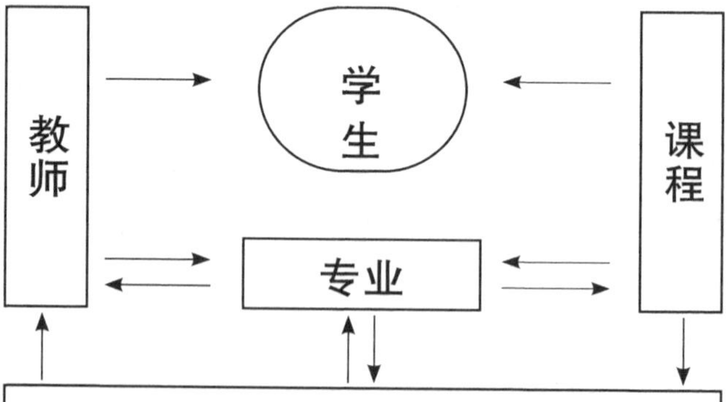

图 1 职业院校内部质量保证体系“SPADE”诊改框架

二 SPADE 诊改模型的构建

依据职业院校内部质量保证体系诊改模型的构建思路，结合广西国际商务职业技术学院多年的诊改实践经验，构建了 SPADE 诊改模型（见图 2）。"SPADE"取自诊改模型中学校发展五重、专业建设五力、课程建设五度、教师发展五特、学生成长五到这个五个诊改层面核心词"重（Emphasize）、力（Power）、度（Dimension）、特（Special）、到（Achievement）"的英文单词首写字母的组合，每个层面包含五个维度，共设立了 100 余个诊断点。其中，学院发展五重是指重规划、重体系、重制度、重考核、重保障；专业建设五力是指发展潜力、教师魅力、课程保证力、就业竞争力、社会影响力；课程建设五度是指符合度、完整度、满意度、创新度、达成度；教师发展五特是指育人情操特高、教学能力特强、教师魅力特有、科研能力特优、仁爱之心特显；学生成长五到是指知识学到、技能练到、素质达到、情商悟到、胆商独到。

图 2 职业院校内部质量保证体系 SPADE 诊改模型

在学校层面，围绕"建成现代商务特色鲜明的国际化高等职业教育强校"的学校十三五发展目标，构建"学校发展五重"模型（见图 3），从重规划、重体系、重制度、重考核、重保障五个方面对学院发展能力及人才培养质量进行全面的诊改。

E 学校发展“五重模型”

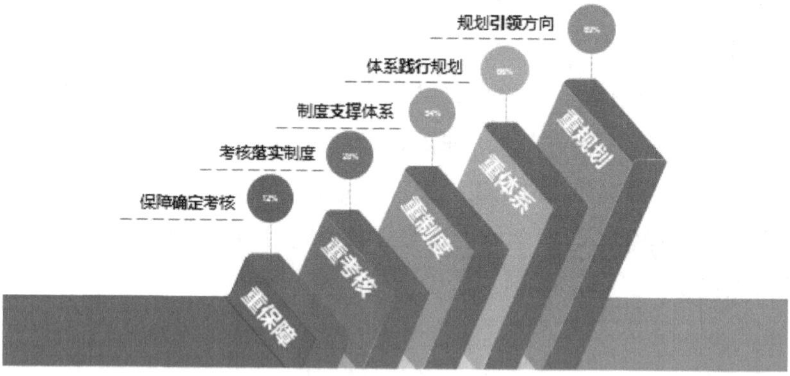

图 3“学校发展五重”模型

在专业层面，以“校企合作、产教融合、服务区域经济发展、培养现代商务高素质应用型人才”为建设理念及目标，构建“专业建设五力”模型（见图 4），从专业发展潜力、教师魅力、课程保证力、就业竞争力、社会影响力五个方面对专业的建设与发展进行诊改。

P 专业建设“五力模型”

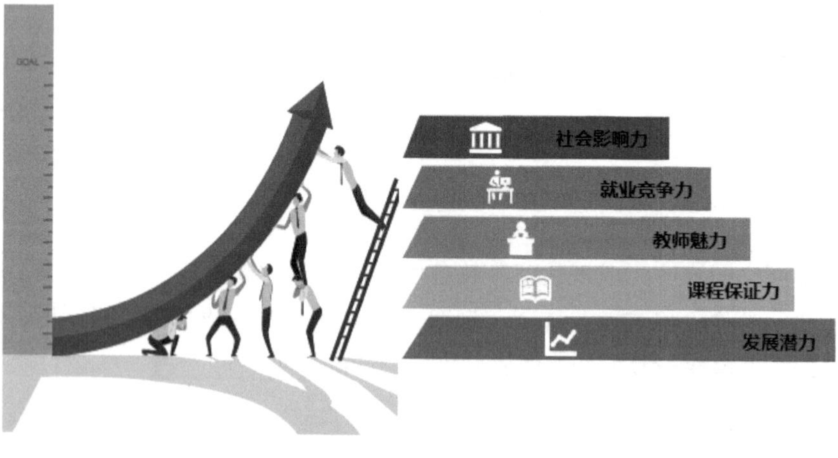

图 4“专业建设五力”模型

在课程层面，以“学习者为中心”，重视课程开发、课程实施、课程反馈三个阶段的课程质量，构建“课程建设五度”模型（见图 5），从符合度、完整度、满意度、创新度、达成度五个方面对课程的建设与教学实施进行诊改。

D 课程建设“五度”模型

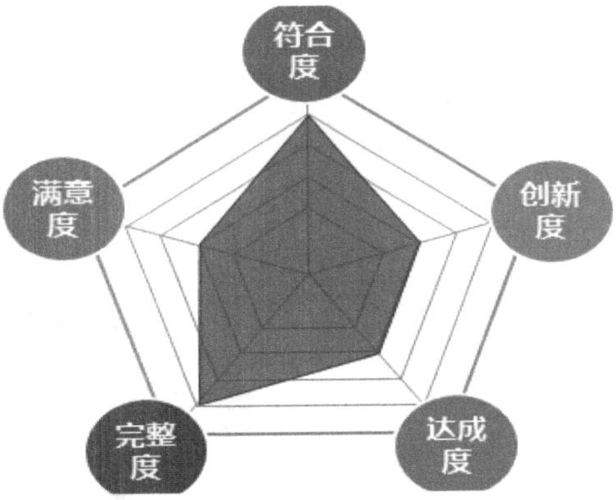

图 5“课程建设五度”模型

在教师层面，根据教师成长规律，构建“教师发展五特”模型（见图 6），按入职期、成长期、成熟期、发展期的进步阶段，对新进教师、骨干教师、教学名师、专业带头人分类设定诊改关键指标，从育人情操特高、教学能力特强、科研能力特优、教师魅力特有、仁爱之心特显五个方面按不同的评价指标实施教师自我诊改。

S 教师发展“五特”模型

图 6“教师发展五特”模型

在学生层面，以“立德树人”为根本，构建“学生成长五到”模型（见图7），从知识学到、技能练到、素质达到、情商悟到、胆商独到五个方面开展学生发展能力的诊改。

A 学生发展“五到”模型

图7“学生成长五到”模型

2 职业院校专业群发展研究

"专业建设五力"模型视角下职业院校专业群发展研究

（广西国际商务职业技术学院 李庆文等）

【摘 要】在"以学生为中心、以成果为导向和持续改进"的教育理念指导下，作为职业院校工作中心地位的人才培养工作要依据专业人才培养目标和专业教学标准开展，并通过一系列相互关联且系统化的课程体系来实现。以"专业建设五力"模型为重要组成部分的职业院校内部质量保证体系"SPADE"诊改模型的构建遵循"以学生为中心，以专业为载体，以学校为办学主体，以课程和教师为两翼"的路径，对于指导职业院校专业群的发展有着重要的指导作用。

【关键词】内部质量保证体系 专业群 职业院校

国务院在 2019 年初印发《国家职业教育改革实施方案》明确要求，牢固树立新发展理念，服务建设现代化经济体系和实现更高质量更充分就业需要，对接科技发展趋势和市场需求，完善职业教育和培训体系，优化学校、专业布局，深化办学体制改革和育人机制改革，以促进就业和适应产业发展需求为导向，鼓励和支持社会各界特别是企业积极支持职业教育，着力培养高素质劳动者和技术技能人才。并明确提出要启动实施中国特色高水平高等职业学校和专业建设计划，建设一批引领改革、支撑发展、中国特色、世界水平的高等职业学校和骨干专业（群）。为加强中国特色高水平高职学校和专业建设计划（简称"双高计划"）项目管理，保证"双高计划"顺利实施，教育部和财政部联合发布《关于实施中国特色高水平高职学校和专业建设计划的意见》（教职成〔2019〕5 号）之后不久，就制定并出台了《中国特色高水平高职学校和专业建设计划项目遴选管理办法（试行）》（教职成〔2019〕8 号）。可见，在当今大力发展职业教育的背景下，依据专业教学资源共享度、就业相关度等因素组建专业群，形成优势互补、协同发展的建设机制，建设特色鲜明、行业优势明显、社会影响力强的专业群，对职业院校而言具有重要的价值和意义。

一 “专业建设五力”模型

在“以学生为中心、以成果为导向和持续改进”的教育理念指导下，作为职业院校工作中心地位的人才培养工作要依据专业人才培养目标和专业教学标准的开展，同时要紧紧围绕为实现人才培养目标而设置的各类课程进行，课程是教学活动的主导，是教学中教师和学生行为存在的依据，决定着教师如何对学生进行辅导以及学生如何开展学习；课程、教师、学生作为教学存在的三要素，互相依存、缺一不可，课程、教师、学生三要素的互相交融，共同决定着教学的质量和效果，对专业人才培养目标的实现起着决定性的作用。因此，科学合理地构建职业院校内部质量保证体系的诊改模型，就应该遵循“以学生为中心，以专业为载体，以学校为办学主体，以课程和教师为两翼”的路径，广西国际商务职业技术学院基于以上逻辑建构了职业院校内部质量保证体系“SPADE”诊改模型（见图 1）。“SPADE”取自诊改模型中学校发展五重、专业建设五力、课程建设五度、教师发展五特、学生成长五到这五个诊改层面各自核心词“重（Emphasize）、力（Power）、度（Dimension）、特（Special）、到（Achievement）”的英文单词首写字母的组合，每个层面包含五个维度，共设立了诊断点 100 余个。其中，专业建设五力是指发展潜力、教师魅力、课程保证力、就业竞争力、社会影响力；学生成长五到是指知识学到、技能练到、素质达到、情商悟到、胆商独到。

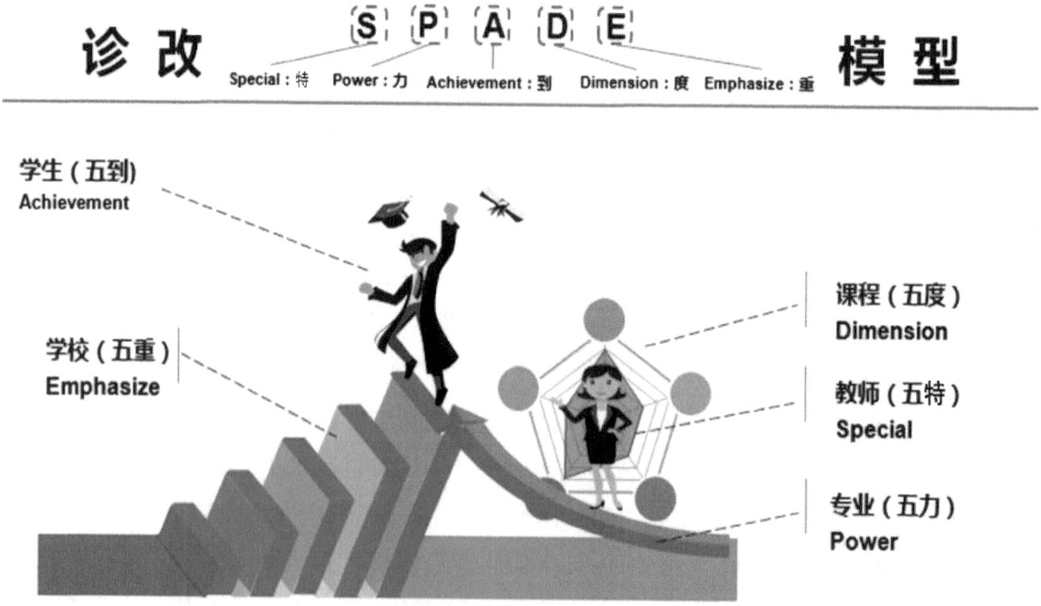

图 1 职业院校内部质量保证体系 SPADE 诊改模型

在专业层面，以“校企合作、产教融合、服务区域经济发展、培养现代商务高素质应用型人才”

为建设理念及目标，构建“专业建设五力”模型（见图 2），从专业发展潜力、教师魅力、课程保证力、就业竞争力、社会影响力五个方面对专业的建设与发展进行诊改。

P 专业建设“五力”模型

图 2 “专业建设五力”模型

二 “专业建设五力”模型视角下职业院校专业群的建设路径

根据“专业建设五力”模型，结合学院实际情况，围绕“专业群对接产业链”的专业群建设思路，对接广西三大定位、六大新兴产业、引金入桂和“数字广西”战略，广西国际商务职业技术学院提出构建智慧商科立体专业群体系，并辐射带动相关专业建设；围绕广西产业转型升级和职业教育发展，完善专业动态调整机制，优化专业结构；充分调动政校行企育人积极性，深化校企合作体制机制改革，创新职业教育人才培养模式，形成专业群人才培养机制；推进产教融合教育教学改革，提高专业人才培养质量和社会服务能力。加大专业结构优化调整力度，结合当前新技术、新业态发展，积极开展专业教学改革和课程调整，提升教学质量和专业竞争力，重点打造国际商务、会计和物流管理三大优势特色专业，建成区级一流，全国知名的王牌专业，国家级、区级标志性成果不断增加。

1. **专业及专业群建设框架**。广西国际商务职业技术学院专业及专业群建设框架包括智慧商科立体专业群、六大传统专业群和三大优势特色专业。智慧商科立体专业群是指结合当下新技术和新业态，充分体现智慧＋商科＋立体的专业群理念，重点构建以供应链、互联网＋商务和大数据为方向的三类专业群。六大传统专业群是指立足学院传统专业优势，组建的国际贸易专业群、财会金融专业群、流通专业群、商务外语专业群、商务信息专业群和旅游服务专业群。三大优势特色专业指加大专业结构优化调整力度，以专业群为引领，积极开展专业教学改革和课程调整，提升教学质量和专业竞争力，重点打造国际商务、会计和物流管理三大优势特色专业，建成区级一流，全国知名的王牌专业，国家级、区级标志性成果不断增加的国际商务、会计和物流管理三个具有办学优势和学院办学特色的专业。

2. **专业群的建设路径**。以全面推进广西国际商务职业技术学院教育事业发展为目标，以学院“一体两翼三驱动”的总体思路为契机。结合当前学院专业及专业群现状，提出按照“四化同步”推进的战略要求，抓住机遇，因势利导地发展“立体建设，双层驱动，集成升级”的专业及专业群建设模式。

“四化同步”是指国际化——为适应社会经济发展新常态，发挥自身“国际化”的内在特色，建设成为特色鲜明的国际化高职院校，深化国际化商务人才培养模式改革；专业化——通过深化改革，从师资队伍、课程体系、专业设置、校企合作等多方入手，推进专业化发展；多层化——各个专业群内多层次发展，打通学校、专业、课程、教师和学生层面间的沟通渠道，促进学院教学工作多层次共同发展；多形式化——丰富教学形式，打破单一僵化的学习模式，特别是针对实践性很强的专业，坚持校企合作、在实践中提升学生的技术技能。

“立体建设”是指同步建设主要包括学校优势学科如国际贸易、财务金融等在内的六大传统专业群平台和包括供应链类、互联网＋商务类、大数据类专业在内的智慧商科立体专业群平台，在实际教学过程中，强化传统专业优势、打造新兴专业特色，双层建设形成持久发展驱动力。

“集成升级”，集成专业，以产业集群为导向、以共通的职业技能要求为基础，根据外部环境变化灵活调整，设置传统专业群和智慧商科立体专业群。按照“资源共享、重点突出、优势互补、灵活调整”的建设思路，根据需要选择专业放入智慧商科立体专业群中进行升级改造，结合新技术孵化出新的特色专业。

“双层驱动”，以专业互联互通路径为纽带，一方面，从传统专业群中选取优势专业辐射带动其他专业发展，另一方面，在智慧商科立体专业群中结合新技术孵化新专业，以传统优势专业为基点，以社会需求为抓手，构成立体驱动模式，这个多重体系将成为学院专业及专业群建设升级的重要驱动力量。

3 实践案例1

"SPADE"五维质量保证体系实践案例

（广西国际商务职业技术学院）

一 背景

2019年教育部、财政部印发了《中国特色社会高水平高职学校和专业建设计划项目遴选管理办法（试行）》，中国特色高水平高职学校和专业建设计划将重点支持高水平高职学校和高水平专业群。《国家职业教育改革实施方案》的发布，明确了以提升职业教育质量为主线，深化了一系列职业教育改革的制度和政策，结合《高等职业院校内部质量保证体系诊断与改进指导方案（试行）》等文件精神，落实国家和自治区职业教育改革方案，以高质量开展本年度学校诊改工作，广西国际商务职业技术学院启动了内部质量保证体系诊断与改进，认真落实立德树人根本任务，以培养"知商明礼、精商善行、崇商厚德"高素质国际化商务应用人才为目标，大力践行"三色"（职业底色、创业本色、国际特色）商科人才培养理念，不断推进"四信"（信仰、信念、信心、信用）价值观培养，积极构建国际化高素质应用型人才培养体系和现代化职业教育体系，有效推动学院教育事业高质量发展，对内部质量保证体系建设做了多方面探索。

二 做法

学校依据原创的"SPADE"五维质量保证体系诊改信息平台，结合学生发展"五到"模型（见图1），围绕"知识学到""技能习到""素质修到""情商悟到""胆商独到"5个维度，设置了18个诊断点，58个观测点，包括专业知识、社科知识、人文知识、专业能力、社会能力、方法能力、价值观、职业素养、身体素质、心理素质、健康人格、情绪管理、内驱力、创新创业能力、竞争意识、逆境处理能力、冒险精神等。

图 1：广西国际商务职业技术学院"学生五到"诊改模型

（一）推行学生"知识学到"开展"1+X 证书"制度试点工作

学校认真贯彻落实《关于在院校实施"学历证书＋若干职业技能等级证书"制度试点方案》文件精神，对接现代服务业岗位发展要求，深入推动"1+X（学历＋职业技能等级证书）"制度试点工作，积极开展书证融合探索，将证书内容融入人才培养方案，不断深化人才培养模式改革。以"SPADE"专业认证为契机，构建学分银行，形成跨校跨省教学资源共享机制，实现学习成果认定、积累与转换，对标"SPADE"五维质量保证体系中"学生五到"标准，严格学业管理，不断提高教育教学水平。

（二）推行学生"技能习到"打造"五级进阶"实践教学体系

学校依托"SPADE"五维质量保证体系，坚持校企合作"九共同"深化产教融合，科学地将实践教学各环节划分为五个阶段，建立职业认知期—商萌咖，虚拟商战期—商小咖，实战操练期—商战咖，跟岗实习期—商大咖，顶岗锤炼期—商名咖，形成"五级进阶"式的实践教学体系。

（三）推行学生"素质修到"打造"五维立体"素质养成体系

学校坚持立德树人根本任务，围绕"商"字做文章，培养学生德智体美劳全面发展的综合素养。积极将桂商文化、第二课堂、民族风俗、创新创业、国际交流等五大元素融入学生素质培养工作，形成铸魂、出彩、立根、谋新、创特的"五维立体"素质养成体系。推动现代商务文化进课程体系，开设商务礼仪、商务口才、商务写作课程；推动现代商务文化进素质教育，开展丰富多彩的第二课堂、社会实践活动；构建“红色文化、易班文化、传统文化、商业文化、职业文化”五维立体的文化育人内容架构，创建浓郁的文化育人氛围。

（四）推行学生“情商悟到”，打造“第二课堂”育人体系

学校围绕立德树人的根本任务，以“围绕中心、服务大局、找准定位、彰显价值”为理念，充分发挥高校第二课堂在思想引领和实践育人方面的作用，积极推进共青团“第二课堂成绩单”制度，组织开展“青年大学习”“青马工程”培训计划、“感党恩跟党走”广西高校党史学习教育暨庆祝中国共产党成立100周年美术书法摄影作品展、电竞公开赛、新生杯辩论赛暨第十届白马杯辩论赛、第二届“书海寻宝”活动、第七届“财富杯”全国大学生金融精英挑战赛等一系列具有社团特色的精品活动。开展大学生“5·25”心理健康教育活动月、“心理健康·幸福成长”线上线下大学生心理健康教育系列话题微课堂讲座。坚持助学、筑梦、筑人为宗旨，秉承学生全面发展的理念，继续深化构建以“能力开发”为导向的贫困生“济困、扶志、强能”三维立体贫困生资助平台，拓展和完善发展型资助育人行动计划，实现无偿资助与有偿资助、显性资助与隐形资助的有机融合。

（五）推行学生“胆商练到”，打造“商创融合”的创新教育体系

学校坚持创新创业教育作为学校育人的本色，坚持“商创融合”的基本思路，形成“基地建设+创客培训+项目孵化”为核心的创新创业教育体系，实现了教学系部与入园企业对接、人才培养与企业经营对接、教学资源与企业资源对接、校园文化与企业文化对接、创业园与社会对接“五大对接”，学生就业创业竞争力明显提高。

三 成效

1.2021年获批“1+X”证书制度试点19个，实现二级学院试点范围全覆盖。

2.2021年学生在全国各类职业技能比赛中，共荣获一等奖9项，二等奖4项，三等奖5项；在全区各类职业技能比赛中，荣获一等奖17项，二等奖9项，三等奖14项、铜奖19项、优秀奖2项（见图2、图3）。其中，学校参加2021年广西职业院校技能大赛一等奖获奖数量位列广西第二，代表广西参加全国职业院校技能大赛赛项数量位列广西第一。

3.学校易班“全方位育人三用新模式”入选全国优秀易班共建案例；荣获2021年易班优课大学生党史学习知识竞赛“优秀组织奖”；学校易班9月份在全国网络易指数的共建指数在全国1763所高校中居全国第9名、广西第1名；学校在第六届广西大学生艺术展演比赛中荣获一等奖2项，三等奖10项以及优秀组织奖。

4.学校参加第六届中国国际“互联网+”大学生创新创业大赛获银奖，成为广西高职院校中唯一连续两年入围国赛现场比赛的院校。连续19年获评全区普通高校毕业生就业创业工作突出

单位。近3年来共为商务行业培养了近万名毕业生，据麦可思公司调查显示，用人单位对学校毕业生的满意度超过90%。

图2：广西国际商务职业技术学院选手获国赛货运代理赛项二等奖

图3：广西国际商务职业技术学院选手获国赛英语口语赛项三等奖

四 亮点

学校坚持以习近平新时代中国特色社会主义思想为指导，牢记“为党育人、为国育才”的初心和使命，以培养“SPADE”学生五到（知识学到、技能习到、素质修到、情商悟到、胆商练到）高素质国际化商务应用型人才为目标，落实立德树人根本任务，以社会需求为导向，走校、政、行、企、社合作办学的道路，依据学校“十四五”发展规划目标和按照“目标计划”“组织实施”“检测诊断”“改进创新”的诊改路径，积极推进“SPADE”学生五到诊断与改进工作，依托商务行业，突出现代商务特色，促进人才培养质量的总体提升，为建设新时代中国特色社会主义壮美广西作出积极贡献。

五 启示

（一）加强学生理论知识和专业技能的融合

高职院校的学生在掌握理论知识的同时要具有较强技术技能，因此，学校在专业设置、人才培养方案和专业课程上应设置相关的实习实训、技能培训环节，着重注意理论知识与专业技能的融合。

（二）着重完善学生情商和胆商的培养

广西国际商务职业技术学院的办学特色是“依托商务行业，突出现代商务特色”，作为现代商务人，智商、情商和胆商是必不可少的三要素，因此，在“技能习到”方面应与“胆商练到”“情商悟到”结合培养。

（三）学生五维质量保证体系应依托信息化平台

广西国际商务职业技术学院的诊改数据依托了学校原创的“SPADE”五维质量保证体系诊改信息平台。面对上万计的学生，信息化平台能够快速、高效、准确地统计出数据，并清晰地呈现在大众面前，因此，在当今大数据时代，学校的质量保证体系的推进也应顺应时代的发展趋势。

4 实践案例 2

“SPADE”引领 目标标准双驱动 建设高素质专业化创新型教师队伍

根据教育部办公厅《关于建立职业院校教学工作诊断与改进制度的通知》(教职成厅〔2015〕2 号)和《高等职业院校内部质量保证体系诊断与改进指导方案》(教职成司函〔2015〕168 号)、《关于全面推进职业院校教学工作诊断与改进制度建设的通知》(教职成司函〔2017〕56 号)以及自治区对高等职业院校内部质量保证体系诊断与改进工作的要求，广西国际商务职业技术学院以原创的“SPADE”五维质量保证体系为引领，全面开展内部质量保证体系诊断与改进工作，建立常态化、可持续的诊断与改进工作机制，构建教师发展“五特”模型与指标体系，以目标标准为驱动，以大数据平台为支撑，全面建设高素质专业化创新型教师队伍。

一 主要经验

(一)打造“SPADE”五维质量保证体系，做实教师发展“五特”模型与指标体系

学校在改革发展中，创造性地打造了“SPADE”五维质量保证体系。这一质量保证体系的理念是学生中心、目标导向、持续改进。

“SPADE”取自学校、专业、课程、教师、学生五个层面维度关键词首写字母的组合，每个层面均包含五个维度。

学校层面是“五重”(Emphasize)，专业层面是“五力”(Power)，教师层面是“五特”(Special)，课程层面是“五度”(Dimension)，学生层面是“五到”(Achievement)，共设立了 100 个诊断点，355 个观测点。

以“SPADE”五维质量保证体系为引领，在教师层面构建了教师发展“五特”模型，要求做到“五特”，也即育人情操特高、教学能力特强、教师魅力特有、科研能力特优、仁爱之心特显。教师发展“五特”模型设置 19 个诊断点，包括师德师风、教育情怀、教学设计能力、教学组织能力、教学执行能力、技能应用能力、整合能力、创新思维、科研水平、成果推广、团队协作、职业素养、扎实学识、影响力、感染力、仁心、爱心、耐心、细心。

围绕教师发展“五特”模型，构建教师发展指标体系，设置有 58 个观测点。其中，育人情操特高 6 个观测点，教学能力特强 19 个观测点，科研能力特优 11 个观测点，教师魅力特有 13 个观测点，仁爱之心特显 9 个观测点。

图 1 现代流通学院尹上梓老师在说“教师五特”活动现场演说

（二）打造质量文化，做优教师发展目标标准体系

聚焦思想政治教育、课堂教学、课程建设、专业建设、企业实践等人才培养工作，厚植教师质量意识，引导教师树立质量观念。教师层面通过 SWOT 分析，把握教师队伍建设的优势、劣势、机会与威胁，对标区内外标杆院校教师队伍，充分借鉴区内外标杆院校教师队伍建设的先进经验做法，准确定位，找差距。根据学校“十四五”发展规划，考虑“十三五”期间未完成目标，结合学校实际，制定教师队伍“十四五”规划目标和 11 个二级学院教师队伍“十四五”规划目标。结合实际和学校年度党政工作要点，教师层面把教师队伍“十四五”规划目标按年度分解到各二级学院，各二级学院把教师队伍建设的年度目标分解到教师个人。教师个人在对自身进行 SWOT 分析的基础上，根据学校教师队伍“十四五”规划目标、二级学院教师队伍“十四五”规划目标，结合个人实际，制定个人“十四五”规划目标和年度目标。

基于教师发展“五特”模型，制定了“五特”教师发展评估体系，设置有 5 个一级指标，9 个二级指标，19 个三级指标，每个指标赋予不同的分值。基于教师发展“五特”模型制定了 A 级教师认定标准。“A 级”教师，分为“ 3A ”教师、“4A ”教师、“5A ”教师。“A 级”教师，必须同时满足基本的政治思想、师德师风等基本条件和教学、科研等方面的拓展条件。基于教师发展“五特”模型制定了育人情操、教学能力、科研能力、教师魅力、仁爱之心等五个方面的标准。师德师风建设标准，包括师德标兵评选标准、师德先进个人评选标准。教师教学能力提高标准，包括新教师入职标准、教学新秀遴选标准、骨干教师遴选标准、教学名师遴选标准、专业带头人遴选标准、高水平教学团队遴选标准等。教师魅力提升标准，包括教师社会实践锻炼办法、“双师型”教师认定标准、专业技术资格评审（认定）办法等。科研能力提升标准，包括高水平科研团队遴选标准等。思想政治教育工作队伍建设标准，包括思政课专任教师任职标准、优秀学生辅导员评选标准、班主任选聘标准、优秀班主任评选标准等。

（三）打造“SPADE”五维质量保证体系诊改平台，做强教师发展数据支撑

学校打造“SPADE”五维质量保证体系诊改平台，对未达目标进度值的教师实施监测与预警。“SPADE”五维质量保证体系诊改平台集中了教师发展目标相关数据，如教师基本信息、教师个人“十四五”规划目标、教师个人年度规划目标、教师发展的年度标志性成果和主要措施。

“SPADE”五维质量保证体系诊改平台根据实时采集的各二级学院教师队伍建设数据和教师个人目标完成数据，构建起目标完成情况雷达图、教师画像等，呈现各二级学院教师队伍建设和教师个人的目标完成进度。在“SPADE”五维质量保证体系诊改平台，每月生成一次教师层面诊改报告，对月度未达目标进度值的教师进行汇总。教师层面根据诊改报告数据，对各二级学院教师队伍建设工作提出预警，督促各二级学院加快完成月度目标。教师根据诊改平台的预警和个人实际，及时采集数据和提供佐证材料，加快目标进度。在 A 级教师认定中依托“SPADE”五维质量保证体系诊改平台数据，提高教师评价的综合性、公平性，提高教师评价效率。

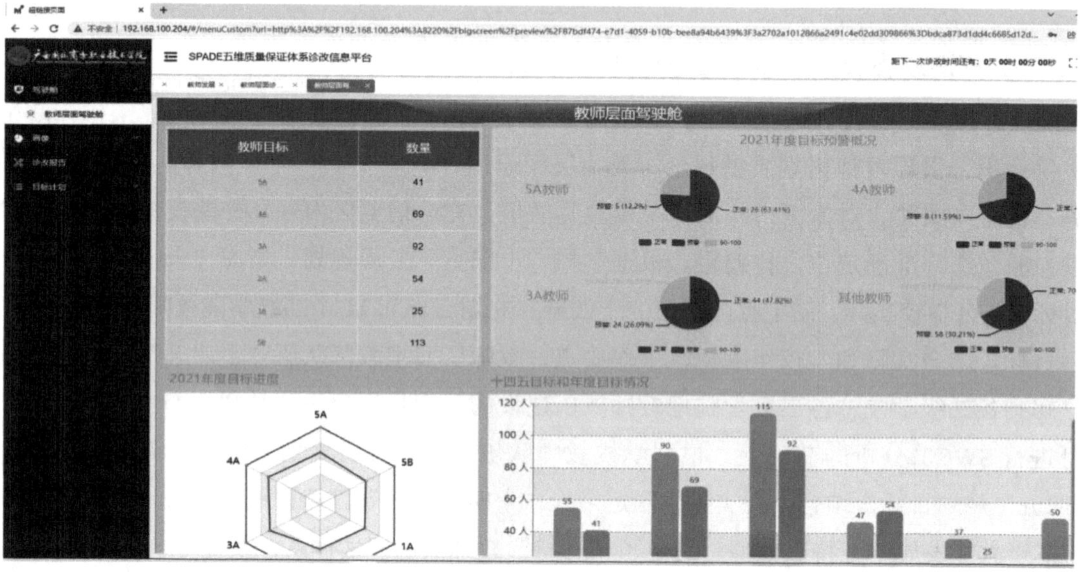

图 2 “SPADE”五维质量保证体系诊改平台教师层面驾驶舱

二 主要成效

在学校“SPADE”质量保证体系下，教师层面诊改工作有谋、有我、有章、有法、有数、有效，教师队伍建设取得明显成效。建立并推行“SPADE”教师发展五特标准体系以来，学校以师德

建设为中心，持续加强教师教学能力、科研能力和社会服务能力建设，特别注重拓展教师国际视野，师资实力大幅提升。教师取得高级别成果不断突破，多名老师长期倾力打造的“财务会计”课程获评国家精品在线开放课程（广西高职唯一），并有两门课程入选全国文化艺术职业院校和旅游职业院校“学党史 迎百年”课程思政优秀案例。教师获得全国优秀教材（职业教育与继续教育类）二等奖 1 项；获得广西第一届职业技能大赛金奖 1 项；获得广西高校思政课“精彩一课”比赛二等奖 1 项；广西职业院校教师教学技能大赛课堂教学赛项三等奖 3 项，混合式教学赛项二等奖 1 项，微课赛项二等奖 1 项，三等奖 3 项；广西高校思政课优秀教学案例一等奖 1 项、三等奖 1 项。建立健全教师评价机制，涌现出一批以“全国模范教师”周龙军教授为代表的“优秀教师”。教师参加各类技能比赛获自治区级一等奖数和获奖总数比“十二五”期间总数分别增长了 567% 和 106%。同时，“双师型”教师队伍结构持续优化。“双师型”教师培养制度进一步完善，仅 2021 年度就培养了 55 名“双师型”教师，截至 2021 年底，自治区级“双师型”教师达到 173 人，“双师型”教师占比大幅提高，“双师型”教师队伍结构得到进一步优化。在科研能力方面，1 名教师 2020 年获教育部第八届高等学校科学研究（人文社科类）优秀成果奖三等奖，是全国高职院校唯一获奖项目；2015 年以来教师获广西社会科学优秀成果奖 5 项，在广西高职院校中名列前茅。“十三五”期间教师获各级各类校外课题比“十二五”期间增长了 59%。在教师魅力方面，具有海外背景教师占比已超过 30%，2 名教师入选 UK NARIC 专家库。在仁爱之心方面，1 名教师带动学生义务献血 20 余年，荣获全国无偿献血奉献奖和南宁市“十大最美献血者”荣誉称号。

5 “SPADE”体系下商科专业群建设方案

“SPADE”体系视域下现代流通专业群建设方案

（广西国际商务职业技术学院）

一 专业群现状

（一）精准对接区域产业，彰显商贸流通特色

现代流通专业群包含物流管理、会计、连锁经营管理、市场营销、金融管理5个专业，形成面向新商业领域专业结构体系。专业群精准对接广西建设现代商贸物流枢纽、区域性金融中心和信息交流中心的支柱产业，培养商贸流通人才，为广西打造“九张名片”提供智力支持与人才支撑。

（二）产教多维深度融合，校企合作独树一帜

协同育人，与和桂集团共同进行跨专业营销方案设计大赛，与顺丰等企业进行创业项目实体孵化；订单培养，“百丽店长班”“顺丰订单班”“屈臣氏订单班”，已举办4年以上，培养、输送超过500名优秀人才；项目合作，与百丽集团等企业进行跨领域服务外包和技术出口专项建设；开发资源，校企共建课程25门，校外实训基地31个；形成现代流通专业群产教融合、校企合作样板，在自治区同类高职院校中独树一帜。

（三）创新“三联三合”模式，人才培养效果显著

实行“学校企业互联、教学学工互联、课内课外互联，产教融合，理实融合，教研融合”的“三联三合”人才培养模式。近3年专业群毕业生就业率保持在97.6%以上，就业满意度达到96%；专业群学生参加国家级、自治区级职业院校学生技能竞赛获奖28项。

（四）实施专兼共享互融，形成“双师＋双聘”团队

制定分层进修培训制度和“青年教师提升计划”，每年有50%以上专任教师参加培训、进修，有计划派出教师到企业挂职锻炼，聘请24名企业高管担任兼职教师。现有“双师型”教师比例达到82%，实现教师企业、教学“双聘”发展。教师近5年来共荣获各种荣誉、奖项200多人次。

（五）构建社会服务体系，发挥示范引领作用

多名教师在“中国·东盟物流产业发展研修班”“泛北部湾港口物流合作研修班”等项目授课，为国际交流服务；承办商务系统人员培训、南宁市地方税务局网上办税平台培训等，为地方政府服务；参与面向东盟国家的流通发展规划、行业发展标准的编制，为行业服务；为和桂集团、百丽集团等企业提供咨询服务，为企业服务；对口支援广西右江民族商业学校等多所中职院校，为职业教育发展服务。

（六）合作办学实现突破，国际化水平区域领先

与加拿大北方应用理工学院合作开设会计专业，目前已招收两届学生。对英国桑德兰大学输出市场营销专业等教学标准并有效实施和推广；派出多批老师出访美国、白俄罗斯、新加坡等国家知名学府进行培训交流，建立友好合作关系，并与马来西亚一公司搭建专业群学生赴东盟国家实习就业平台。

（七）“学训赛创一体”特色，专业建设成果突出

以创新“学训赛创一体”职业技能培养模式为特色，促进专业内涵发展，成效显著。物流管理专业获批为全国首批“1+X”证书制度试点院校专业，会计、物流管理专业被评为自治区示范特色专业及实训基地，连锁经营管理专业获广西高等学校特色专业及课程一体化建设项目。2018 年获自治区职业教育第一批专业发展研究基地立项，会计与金融管理专业获评教育部创新行动计划骨干专业。

二 建设目标

（一）总体目标

至 2022 年，将现代流通专业群打造成引领专业改革、支撑广西重点产业发展、体现广西职教特色、跻身全国一流水平的高等职业教育专业群。

（二）具体目标

表 1　现代流通专业群发展具体目标

年度	目标
2020 年	1. 落实“1+X”证书制度试点考试与培训；
	2. 职业院校技能大赛或专项大赛获奖 1~2 项；
	3. 联合开展农村农产品流通精准扶贫培训。

续表

年度	目标
2021 年	1. 改进专业群人才培养模式；
	2. 申报“1+X”证书制度试点 1~2 个；
	3. 职业院校技能大赛或专项大赛获奖 1~2 项；
	4. 产教融合新型教材 5 本；
	5. 建成智慧商业研究院。
2022 年	1. 教育教学成果奖 1 项；
	2. 现代流通产教融合示范园 1 个；
	3. 协同创新中心 1~2 个；
	4. 教学名师或创新团队 1 个；
	5. 海外实训基地 1 个；
	6. 专业教学资源库或精品课程 1 门。

三 建设方案

（一）以“专业群五共”为理念，打造“物流管理、会计双核心”高水平专业群

现代流通专业群包括物流管理、连锁经营管理、市场营销、会计、金融管理 5 个专业，精准对接现代流通服务业中“商流、物流、信息流、资金流”的人才培养目标链。本专业群将以物流管理专业为核心带动连锁经营管理和市场营销专业，培养从事仓储、运输、货物装卸、店铺管理、配送、运营等价值活动的专业人员；以会计专业为核心带动金融管理专业，培养从事会计、审计、统计、金融的专业人员，以“五共”理念打造双核心高水平专业群。

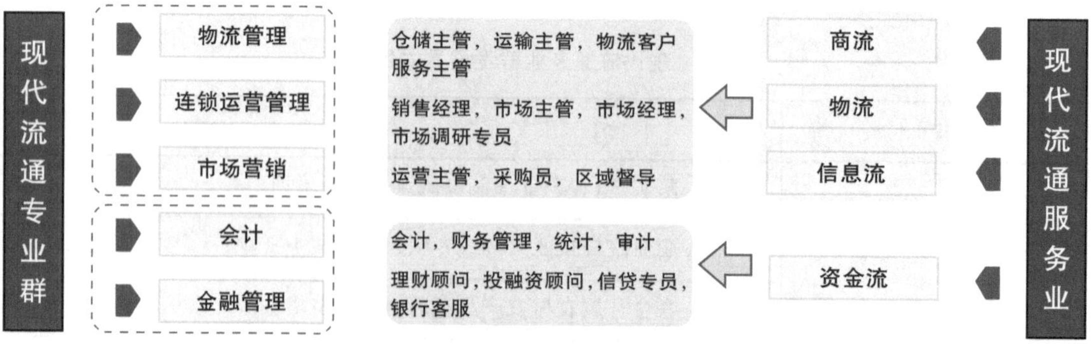

图 1 “双核心”现代流通专业群对接现代流通服务业

课程共融。探索柔性、可拓展、面向岗位群的课程建设新模式，按照“平台+模块+方向”思路，系统重构课程体系。

师资共享。改变传统专业教研室组织方式，打破专业限制，根据不同职业岗位面向，组建结构化教师团队，满足专业群教学需要。

教学共育。建立开放型培养模式，积极应对学生多元化、学习基础差异化、学习场景多样化的实际情况，实行弹性学制和学分制，赋予学生群内专业选择权、课程选择权、教师选择权，自主选择学习路径和进度。推进合作开发新型活页式、工作手册式教材改革，推进线上线下混合式教学模式改革，利用 AR/VR 等技术，实现实践教学与虚拟仿真教学融合，进行体验式教学。

基地共用。整合资源，建设综合性实训基地，满足群内各专业实训需要；改革实训基地管理模式，在现代流通数字营销、国际物流及海外仓储管理、供应链金融及供应链贸易等方向，提高各专业共用率。

管理共通。从招生就业、学生管理、教学科研、后勤服务等方面进行统筹管理，形成合力，产生集聚效应，推动整个专业群建设发展。

（二）以“学生五到”为目标，优化“三联三合、三阶递进”人才培养模式

现代流通专业群将“SPADE”模型中的“学生五到”（知识学到、技能练到、素质达到、情商悟到、胆商练到）融入人才培养模式构建，实行“识岗、试岗、跟岗、轮岗、顶岗”五岗递进的现代学徒制，实现“多方向、分岗位、重操作、强技能的递进提升”。

巩固及优化“三联三合、三阶递进”人才培养模式。扩大学校企业互联、教学学工互联、课内课外互联的广度，拓深产教、理实、教研融合的深度，加强专业内涵建设，提高校企协同育人参与度，强化实践教学。

（三）以“课程五度”为标准，构建“书证融通”课程体系

突出专业群双核心交融辐射特点，以“课程五度”（符合度、完整度、满意度、创新度、达成度）为标准，打通专业壁垒，构建“底层共享，中层融通，上层互选”的课程体系（图 2）。底层共享部分，由公共基础平台课程和专业群平台课程构成，实现对学生职业基础素养和职业通用能力的培养；中层融通部分以专业方向模块为主，突出各专业自身特色，基本覆盖现代流通中“商流、物流、信息流、资金流”全流程中需要突出的主要环节，着重培养学生专业核心能力和专业实践能力；上层互选部分由专业拓展课程模块构成，培养学生职业迁移能力，满足学生个性化发展需要，并将考证内容融入各专业课程模块，单独设置考证培训及实训。

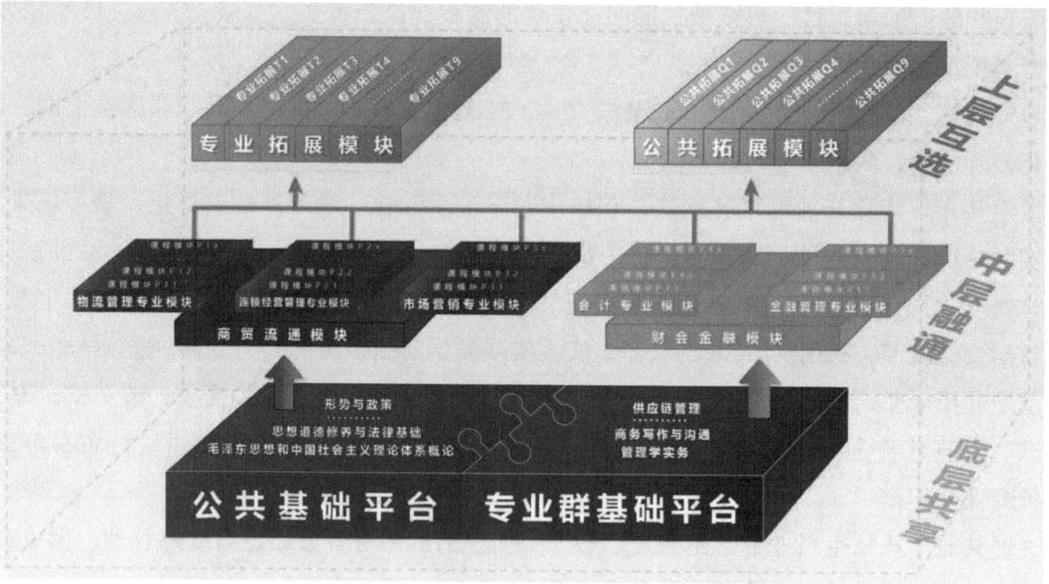

图 2“基础共享，专业融通，拓展互选”课程体系

（四）以“教师五特”为导向，培育“双师双栖”师资队伍

现代流通专业群立足于培养“育人情操特高、教学能力特强、教师魅力特有、科研能力特优、仁爱之心特显”的“五特”师资队伍（见图 3），将实施“师德师风建设工程、高层次人才引聘工程、校企双向工作室建设工程、创新创业团队建设培养工程”。

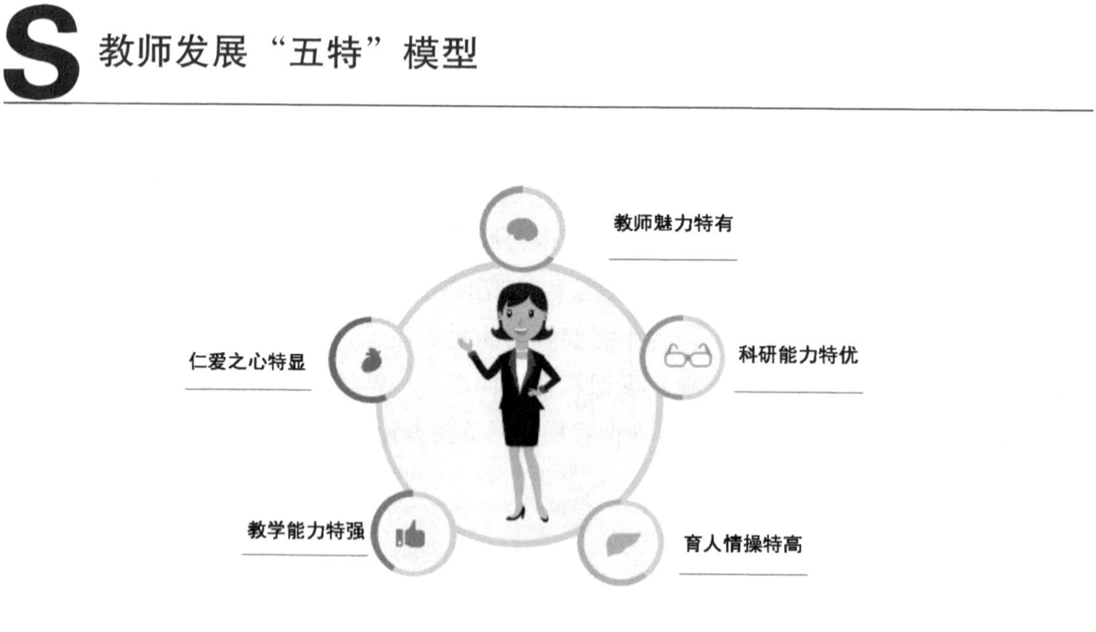

图 3 现代流通专业群教师“五特”建设

实施"师德师风建设工程"。通过开展"弘扬师德、铸就师魂"等主题教育活动推行课程思政，加大师德培训力度；开展师德师风专项整治行动，建立师德师风建设长效机制，培养十大师德标兵。

实施"高层次专业人才引聘工程"。引进2名知名现代流通企业领军人物作为专业带头人，指导专业群的建设和发展；贯通校企"互聘互兼"双向流动机制，聘请2~5名享誉全国的行业大师，聘请知名现代流通企业的高技能人才和能工巧匠担任兼职教师。

实施"校企双向工作室建设工程"。同顺丰速运、百丽集团、东方尚贤等企业建立校企双向工作室5个，即在学院设立"专家工作室"、在企业设立"教师工作站"，建成现代流通校企双向专家工作室，实现教师企业、教学"双栖"发展。提升双师团队能力，为专业群人才培养、为企业人才需求、为广西现代流通服务业发展提供服务。

实施"创新创业团队建设培养工程"。以斯坦福创业创新导师培训项目为依托，打造一支高水平的现代流通创新创业导师团队，积极组织创新创业教师和创新创业教学团队参加省级和国家级名师与优秀教学团队评选；积极组织、指导学生参加创新创业竞赛，在全国大学生创新创业大赛中获得省赛及以上奖项2项。

（五）以"线上线下"为路径，建立"云计算＋超融合"资源中心

校企共建基础与专业化课程资源库。通过与北京世纪超星信息技术发展有限责任公司合作，建设现代物流基础、会计基础等专业群基础课程，建设包括运输实务、财务会计等双核心专业课程数字化资源。

校企共建"1+X"证书考试与培训教材。联合中国物流采购联合会、顺丰速运集团、百丽集团等共同开发适应理论实践一体化教学、模块化课程设置、职业岗位能力培养、技能考核鉴定四位一体的"任务单＋"的《仓储配送》等系列活页式、立体化新型特色教材10本。

培养并孵化创新创业教育课程资源库。构建"创业知识培训＋创业模拟实训＋创业实战实践＋全过程跟踪扶持"的完整的"培养＋孵化"专业群创新创业课程体系，校企合作开发建设"互联网＋营销""互联网＋创业"等创新创业数字化课程资源，提升创新创业教育水平。

建立以"互联网＋教学"为保证、以"云计算＋超融合"为核心的云计算资源中心，并与相关智能实训系统对接，满足各专业学生理论实践一体化教学要求。将项目教学、工作过程导向教学融入人工智能技术中，开展"智能＋教育"个性化教学，打造"智慧课堂"和"商院好课堂"。利用全息投影成像、商业瀑布流等高科技手段展示广西商旅之路，流通商业文化等主题内容，实现全息投影授课，实现精品优质资源的远程互享。

（六）以"校企协同"为平台，共建"现代流通"产教融合示范园

立足"协同办学、协同育人、协同创新"校企合作机制，组建校、政、行、企、研等组成的现代流通人才共育联盟。利用联盟各种资源，校企共建"现代流通"产教融合示范园。基于现代流通服务业特点和专业教学要求，按照"线下实体＋线上运营"模式，建成智慧物流实训

基地、互联网营销实训基地、“互联网 +”创新创业基地、商贸流通文化展示体验中心、智慧供应链协同创新中心、全球连锁经营模拟体验中心、智慧零售交易与流量实时监控中心、会计实训与服务中心、金融应用技术协同创新中心等校内实训基地，促进现代流通专业群建设的产教深度融合。积极与贵港东方尚贤文化有限公司合作，建设广西非物质文化遗产宫灯产品设计、营销策划配送的“实践实习就业直通道”校外实训基地。

（七）以“标准输出”为突破，创建“一带一路”海外服务平台

对接“一带一路”，落实海外办学与培训发展计划，实现现代流通专业群课程与合作办学院校的学分互通互认。打造 1~2 个境外现代流通人才培养基地，探索国内学生境外培养模式，启动“2+1”（2 年在境外、1 年在国内）中外双学历项目，打造海外培训认证基地。

引进国外优质专业课程 1~2 门，与国外院校及研究机构等联合开展课程改革与资源建设，借鉴国外先进课程建设经验，提升专业群数字化教学资源建设水平。提高具有海外教学背景的教师比例，引进外籍教师，推进“现代流通海外专家工作室”建设。

实施骨干教师 3~9 名到新加坡、马来西亚、泰国等出国留学深造交流项目，并积极与国外院校合作搭建国际交流平台，互派师资，提升国际化教学水平。通过交换生、短期研修、交流学习等项目，为在校学生参与国际交流开辟渠道。扩大学生出国（境）学习、交流和实习规模，参与国际交流的在校生逐年增加。

（八）以“证书试点”为引擎，设立“现代流通”交流服务中心

物流管理专业获批成为全国首批“1+X”证书制度试点院校专业，专业群将以此为引擎，建立现代流通交流服务中心。2020 至 2022 年与行业龙头企业合作，建设 1~2 个“1+X”职业技能等级认证站点及考试中心等，完成 500~1200 人次职业技能等级考试与鉴定；在与河北对外经贸职业学院、天津商务职业学院“三校联盟”基础上，开展三校“学分银行”试点，进一步构建网络化现代流通类职业技能鉴定双向查询平台，向社会开放，提升专业区域影响力。

充分利用专业群优质实训资源，服务区域内职业院校实践教学，实行中高职衔接和城乡职业院校共享共用，年接纳其他职业院校学生实习实训与培训 800 人次以上；服务区域内相关社会职业培训，年培训 2000 人次以上；为区域内职业院校实习实训项目建设、管理和培训提供指导和服务。

图书在版编目（CIP）数据

"SPADE"体系与商科专业群高质量发展 / 李庆文著
. -- 湘潭 : 湘潭大学出版社, 2022.10
ISBN 978-7-5687-0978-1

Ⅰ. ①S… Ⅱ. ①李… Ⅲ. ①职业教育—商业—专业设置—研究 Ⅳ. ①F7-41

中国版本图书馆 CIP 数据核字（2022）第 246280 号

"SPADE"体系与商科专业群高质量发展

"SPADE" TIXI YU SHANGKE ZHUANYEQUN GAOZHILIANG FAZHAN

李庆文 著

责任编辑：丁立松
封面设计：文海宏远
出版发行：湘潭大学出版社
社　　址：湖南省湘潭大学工程训练大楼
电　　话：0731-58298960 0731-58298966（传真）
邮　　编：411105
网　　址：http://press.xtu.edu.cn/
印　　刷：长沙创峰印务有限公司
经　　销：湖南省新华书店
开　　本：787 mm×1092 mm 1/16
印　　张：9.5
字　　数：238 千字
版　　次：2022 年 10 月第 1 版
印　　次：2022 年 10 月第 1 次印刷
书　　号：ISBN 978-7-5687-0978-1
定　　价：49.00 元